教育部人文社会科学研究青年基金项目（16YJC840023）资助成果
内蒙古大学民族学学科“双一流”建设项目资助

民族地区城市社区“三社联动”机制研究

以内蒙古B市为例

王晓东◎著

中国经济出版社
CHINA ECONOMIC PUBLISHING HOUSE
·北京·

图书在版编目（CIP）数据

民族地区城市社区“三社联动”机制研究：以内蒙古 B 市为例 / 王晓东著. —北京：中国经济出版社，2021. 1

ISBN 978-7-5136-6006-8

Ⅰ. ①民… Ⅱ. ①王… Ⅲ. ①民族地区—城市—社区管理—研究—内蒙古 Ⅳ. ①D669. 3

中国版本图书馆 CIP 数据核字（2019）第 296006 号

责任编辑　王　帅
责任印制　巢新强

出版发行　中国经济出版社
印 刷 者　北京九州迅驰传媒文化有限公司
经 销 者　各地新华书店
开　　本　710mm×1000mm　1/16
印　　张　10. 75
字　　数　156 千字
版　　次　2021 年 1 月第 1 版
印　　次　2021 年 1 月第 1 次
定　　价　58. 00 元
广告经营许可证　京西工商广字第 8179 号

中国经济出版社　**网址**　www. economyph. com　**社址**　北京市东城区安定门外大街 58 号　**邮编**　100011

本版图书如存在印装质量问题，请与本社销售中心联系调换（联系电话：010-57512564）

前 言

PREFACE

社区是城市社会的基本构成单位，也是社会治理的基础单元，更是党和政府为民服务的集中场所和重要枢纽。在促进城乡社区治理体系和治理能力现代化的背景下，党建引领城市社区治理工作，牵涉到政府、市场和社会等主体在社区交叉治理的关系重塑问题，关乎社会组织承接政府公共服务职能转移的成败，事关基层社区善治和各族人民群众生产生活的稳定大局。正如习近平总书记所指出的，“社区虽小，但连着千家万户，做好社区工作十分重要”。只有城市社区治理关系理顺了，治理能力提升了，社会治理的基础才会更牢固，国家治理现代化目标的实现才更有希望。

社区治理是城市社会治理的出发点和落脚点。以社区为平台、社会组织为载体、社会工作专业人才为支撑的“三社联动”机制，是新时期创新城市社会治理的重要突破口，是实现社区治理从行政化迈向社会化的重要途径。这是因为，“三社联动”机制无论是理论创设还是实践检视，都是一种全新的社会动员机制、社会治理模式和公共服务供给方式，可有效克服传统社区管理中政社不分、官民互动不足的痼疾，是弥补城市社区治理短板、提升城市社会治理水平的重要抓手。因此，“三社联动”机制建设问题进入社会公众视野和政府政策议程是重要的，也是必然的。

近年来，党中央、国务院高度重视基层社会治理中“三社联动”机制的积极作用，注重支持和引导社会组织、社会工作者参与城市社区治理实践。党的十八届三中全会提出：“创新社会治理新思维，强调多元参与、和谐共治，充分发挥专业社会工作参与社会治理的重要作用。”党的十九大报告提出：“打造共建共治共享的社会治理格局，加强社区治理体系建设，推动社会治理重心向基层下移，发挥社会组织作用，实现政府治理和社会调节、居民自治良性互动。”“加强社会治理制度建设，完善党委领导、政府负责、社会协同、公众参与、法治保障的社会治理体制，提高社会治理社会化、法治化、智能化、专业化水平。”这是我国新时期社会治理工作总方向、总要求和总任务的完整表述，是城市基层社区“三社联动”机制建设的重要理论指引和实践依据。

中央层面密集出台政策文件，为建立健全“三社联动”机制指明方向。2013 年 11 月 15 日，民政部、财政部联合印发《关于加快推进社区社会工作服务的意见》（民发〔2013〕178 号），提出“探索建立以社区为平台、社会组织为载体、社会工作专业人才为支撑的新型社区服务管理机制”。2016 年 8 月 21 日，中共中央办公厅、国务院办公厅印发《关于改革社会组织管理制度促进社会组织健康有序发展的意见》（中办发〔2016〕46 号），第一次在中央文件中明确提出了“要建立社区社会组织与社区建设、社会工作联动机制，促进资源共享、优势互补”。2016 年 10 月 28 日，民政部等 16 部门联合印发《城乡社区服务体系建设规划（2016—2020 年）》（民发〔2016〕191 号），明确了“三社联动”机制的具体内容，即“建立居民群众提出需求、社区组织开发设计、社会组织竞争承接、社工团队执行实施、相关各方监督评估的联动机制”。2017 年 6 月 12 日，中共中央、国务院发布《关于加强和完善城乡社区治理的意见》（中发〔2017〕13 号），进一步明确要求加强“三社联动”机制建设。2017 年 6 月 20 日，民政部发布《关于贯彻落实〈中共中央 国务院关于加强和完善城乡社区治理的意见〉的通知》（民发〔2017〕87 号），要求各地制定该意见实施的配套政策，细化“三社联动”落实措施。

地方政府积极开展试点，全面探索“三社联动”机制运行经验。为响应党中央政策号召、贯彻国务院决策部署和回应基层民众服务需求，部分省市政府相继出台《关于加强和完善城乡社区治理的实施意见》《关于加快推进“三社联动”提升城乡社区治理创新水平的实施意见》等配套政策文件，各级民政部门也在加紧制订工作计划，加快推进城乡社区治理工作。2015 年 10 月 22 日，民政部在重庆市组织召开“全国社区社会工作暨‘三社联动’推进会”，全面总结各地“三社联动”的经验与成绩，分析面临的困难和形势，明确加快推进的思路与任务，对在全国范围内推进“三社联动”进行了全面部署。一时间，全国各地的街道、社区摩拳擦掌，开展了“三社联动”工作探索，学界开展的“三社联动”学术争鸣也蔚然成风。让“三社”主体有序地“联”起来、有效地“动”起来，成为社会关注的焦点议题。

发达地区城市社区治理创新先行先试，不同程度地探索出各具特色的“三社联动”机制、方法和措施。例如，以浙江省嘉兴市为代表的嵌入型“三社联动”机制、以广东省广州市为典型的优势主导型“三社联动”机制、以湖北省宜昌市为特色的内生型“三社联动”机制……各地的具体做法纷繁复杂、不一而足。但归纳后可发现，“三社联动”机制建设的共性思路基本趋同，都是围绕“三社联动”的主体权力分配、职能角色定位和互动网络关系建构来进行的，而且在经济较发达、民族结构单一、人口分布集聚、社区发展基础良好的城市社区治理实践中取得了显著成效，有些甚至成为其他地区争相仿效的样板。

经济欠发达的西部民族地区，同样在引入和探索适应本地实际的“三社联动”机制。但由于民族地区独特的区域性和民族性特点，以及受限于城市社区发展基础薄弱、社会组织发育迟缓、专业社会工作人员缺乏等现实条件，“三社联动”机制建设无法简单复制发达城市社区的做法。如何创新民族特色的“三社联动”机制，成为民族地区城市社区治理过程中一个绕不开的议题。由于缺乏现成的定型经验可循，问题解决的难度确实不小，但未来前景光明，因为在国家治理体系和治理能力现代化的背景下，民族地区的基层社会治理是重要组成部分，中央政府格外重视，各级政府全力推动，各民族群众迫切需要……有了思想指导、政策支持和群众基础，民族地区城市社区“三社联动”的推进就具备了基本条件和坚实保障。自 2012 年开始，在民政部评选的三批“全国社区治理和服务创新实验区”中，民族地区先后有 9 个城市入选并圆满完成了实验任务，其中内蒙古 B 市两次入选并以合格成绩通过验收，在“三社联动”机制实验方面发挥了较强的示范作用，为推进社区治理体系和治理能力现代化提供了鲜活样板。因此，深入总结民族地区社区治理创新和“三社联动”机制运行的成效经验非常有必要。

学先进、比亮点、树标杆。本书以内蒙古 B 市社区为典型个案研究，通过对 B 市社区“三社联动”机制运行过程、具体做法、成效问题做总结性梳理，提炼一些突出的经验教训，并进行分析性的扩大化推理，进而为其他民族地区“三社联动”试点实践提供参考。希望本研究可起到抛砖引玉之效果，以达到互相学习、共同提高之目的。

目　录

CONTENTS

1 导 论

1.1 选题背景和研究意义

1.1.1 选题背景

改革开放以来，随着“单位制”解体，我国基层社区治理体制开始由行政化向社会化演变，城市社区日渐承载了更多的社会管理职能和社会服务功能。为了加强基层政权建设，弥补社区公共服务不足，改变以前“行政有效、治理无效”的行政化社区管理方式，党和政府确立了社会化社区治理理念，逐步淡化行政管控行为，扩展社区治理主体范围，强化基本公共服务供给，创新社会治理方式，以便更好满足社区居民多样化的服务需求，不断提升社区服务水平和治理能力。2013 年 11 月，民政部结合上海等地社区建设经验提出了“三社联动”的运作思路，并在《关于加快推进社区社会工作服务的意见》（民发〔2013〕178 号）中明确指出，“要建立健全社区、社会组织和社会工作专业人才联动服务机制，探索建立以社区为平台、社会组织为载体、社会工作专业人才为支撑的新型社区服务管理机制……”①。此后，“三社联动”作为基层社会治理创新的重要命题，备

① 民政部 财政部关于加快推进社区社会工作服务的意见［EB/OL］.(2013-11-05). http://www.gov.cn/gongbao/content/2014/content_2600242.htm.

受各级政府重视且在全国各地逐步应用和推广①，成为回应社区居民多元需求、完善社区服务体系、营造共建共治共享社会治理格局的重要途径。

回顾“三社联动”实践历程，这是近年来我国社区工作者从实践中总结出的基层社区治理模式，是基于“政社分工与合作”背景下提出的一种新型社区服务机制，更是与国家深化社区治理体系改革、创新社会治理方式和提升社会治理能力的大形势遥相呼应。为更好适应新时代基层社会治理的发展要求，2017 年 6 月 12 日中共中央、国务院发布《关于加强和完善城乡社区治理的意见》（中发〔2017〕13 号），从健全和完善城乡社区治理体系的维度，提出“充分发挥基层党组织领导核心作用，有效发挥基层政府主导作用，注重发挥基层群众性自治组织基础作用，统筹发挥社会力量协同作用”,② 推进社区、社会组织、社会工作的“三社联动”。这是新中国历史上第一个以党中央、国务院名义发布的关于城乡社区治理的纲领性文件，也是首次在中央文件中明确“三社联动”概念、细化具体要求，特别是在意识形态和价值取向方面，为政府管理职能转变和权力下移指明了方向，为基层社区治理方式的创新提供了思路。目前，“三社联动”作为基层社会治理方式创新的主线，在发达地区城市社区已经探索出政府购买服务机制、公益创投机制和设施项目外包机制等多种形式。但在广大的欠发达民族地区，由于缺乏基础优势和发展条件，城市社区“三社联动”尚处于起点低、起步慢、推进缓的境地。

促进城乡社区治理体系和治理能力现代化，缺少民族地区这一块是不完整的，也是不现实的。在当前中国特色社会主义进入新时代、社会主要矛盾发生变化的大背景下，民族地区城市基层社区治理体系完善、治理能力提升和治理方式创新就显得更为紧迫和重要，但现实问题不能回避。与发达地区相比，民族地区因受到民族多样性、经济欠发达、社区发展水平

① 2015 年 10 月 22 日，民政部在重庆市召开“全国社区社会工作暨‘三社联动’推进会”，总结交流各地社区社会工作和“三社联动”经验，明确要求各地加快推进“三社联动”工作，以深化社会组织管理制度改革、促进基层社会治理创新、加强社区建设和发展专业社会工作。

② 中共中央 国务院关于加强和完善城乡社区治理的意见［EB/OL］.（2017-06-12）. http://www.gov.cn/zhengce/2017-06/12/content_5201910.htm.

和治理能力偏低的长期影响，城市社区“三社联动”工作推广似乎还未达到预期设想。至少从笔者在内蒙古多个城市社区的实地走访中发现，“三社联动”只在个别城市社区开展了试点探索，一些社区群众、社会组织和社区管理人员对“三社联动”的认知度、认可度和认同度还有待提高。当然，“三社联动”从陌生事物到让人完全接受需要一个过程，更需因地制宜、逐步试点，甚至还要经历不断试错、止错和纠错的过程，这样才能与社区居民服务需求的满足达到适配状态，进而探索出一条适合当地民族特色的发展之路。

标杆的示范效应和带动作用是巨大的。鉴于此，笔者选取内蒙古“三社联动”试点处于头雁位置的B市，进行社区“三社联动”机制建设的典型个案探究，重点梳理实践具体做法、透视存在问题、挖掘内外原因、总结经验教训和展望未来发展。期望触类旁通其他民族地区相类似的情况，试图做到“三社联动”机制建设实例和路径参照的互通有无，经验、教训和启示的互相借鉴，为其他民族地区拓宽基层社区治理途径提供理论和实践依据，最终找到一条适应民族地区“三社联动”机制服务基层社会治理的特色之路。

1.1.2 研究意义

1. 理论意义

社区治理是社会治理的基础环节，建设“三社联动”深度融合机制是创新社会治理的必然要求和重要途径。随着经济社会体制改革的不断深入，当前社区建设环境发生了巨大变化，其中包括人口在内的各类社区要素高速流动和加速分化，城市居民对社区公共服务的需求日益强烈、要求复杂多样，致使传统的以政府单一中心、自上而下的行政化服务方式已无法满足社区居民生存和发展的利益诉求，迫切需要政府、社会组织、市场企业、社区居民和社会工作者等多元主体积极参与社区治理，形成合作伙伴关系和多元共治的新型社区治理结构。本研究在突出“三社联动”主体有效发挥其功能价值和社会资本的基础上，结合内蒙古B市社区试点实践，试图分析“三社”为何联、怎样联、如何动等问题，以期将个案实践经验上升为一般性结论。这不仅是治理理论和社会资本理论在本研究中的深化应用，而且对丰富我国社会建设理论具有重要的学术价值。

2. 实践意义

城市基层社区是社会治理的前沿阵地，而民族地区城市社区环境的特殊性决定了民族地区社会治理的独特性和重要性，其“三社联动”机制建设路径势必有其特色。本研究以内蒙古 B 市社区建设为案例，探究民族地区“三社联动”机制建设路径和运作模式，以期为其他地区城市社区“三社联动”实践提供经验启示和做法参照。本书结论在一定程度上对促进内蒙古基层社区建设、社会组织发展、社会工作服务创新有一定的现实意义。

本研究目标指向和结论的针对性较强，有一定的实践指导价值。内蒙古地区经济社会发展水平、社区治理环境、社会组织发展程度和民族宗教文化等特点，对民族社会工作创新发展提出了新的挑战，也对基层社区社会组织管理模式、政策引导方式和互动制度安排提出了一系列新的要求。本研究选取西部民族地区中经济发展相对较快、社区发展基础相对较好的内蒙古 B 市为例，探讨城市社区发展中如何通过制度设计和机制创新来加快搭建社区服务平台、培育和孵化社会组织、促进民族社工发展，进而让“三社”有序地“联”起来、协调地“动”起来和持续地“火”起来，探索一条适应民族地区经济欠发达和多元民族文化的“三社联动”机制建设路径和运行范式，可为内蒙古城市社区的有序治理和“三社联动”机制建设提供实践指导和决策参考。

1.2 研究目标和研究思路

1.2.1 研究目标

本研究对象是民族地区城市社区，全书以内蒙古 B 市社区“三社联动”机制运行实践为分析切入点，主要研究三个问题：一是如何从制度设计上让“三社”真正有序地“联”起来？二是如何从机制运作上让“三社”切实有效地“动”起来？三是如何从激活主体内源动力上让“三社”持续强劲地“火”起来？

围绕以上三个问题的研究，要达到的总体目标是：从优化制度顶层设计、激活主体内在动力、增强联动机制保障等方面，探讨如何突破内蒙古B市社区“三社联动”实践瓶颈，提出适应民族地区城市社区“三社联动”机制持续运行的思路和对策。具体研究目标如下：

1. 探究民族地区“三社联动”如何从制度设计上真正有序地“联”起来

目前，发达地区城市社区对“三社联动”做了多种模式的实践探索，但尚未有公认的统一运行范式。民族地区由于受地域条件、经济水平、人口分布等诸多因素影响，其城市社区建设在管理体制、服务体系、治理环境、文化塑造等方面与发达城市相比差异显著、差距明显，“三社联动”机制的建设路径必然不能同步和同路。民族地区“三社联动”机制建设的特殊性体现在哪些方面，是值得思考和探索的问题。本研究在内蒙古民族地区视域下，客观分析社区“三社联动”机制建设环境、基础条件和主体资源的现实情况，以满足社区居民共性需求、解决社区公共问题为导向，探究社会治理新时期、新要求下的“三社”功能边界定位和作用发挥问题，探讨“三社”在城市社区合作服务的路径、协调关系和联动规律。

2. 探究民族地区“三社联动”如何从机制运作上切实有效地“动”起来

民族地区“三社”建设环境已经发生巨大变化，各级政府也在加快完善社区平台、社会组织和社会工作者的政策支持体系。“三社联动”机制的整体框架在理论上业已成型，但实践操作程序上还存在精细化设计不足、专业化和规模化程度不高等问题，尤其是“三社”在解决社区公共问题上缺乏良好的衔接性与贯通性，致使相关资源还未高效整合，参与主体并未协调地“动”起来。本研究分析内蒙古B市“三社联动”机制运作的特点、成效和不足，探讨民族地区如何加强社区居民参与能力建设、社区社会组织自身建设和社会工作专业人才建设，以促进“三社联动”机制运作的交叉借力和融合发展。

3. 探究民族地区“三社联动”如何从激活“三社”内源动力上持续强劲地“火”起来

“三社联动”若要持续深入地开展下去，不能长期依靠政府主导外部推动，需要各主体从社会资本培育上形成互动、合作、信任、规范和互惠的内源动力机制，但在不同的发展阶段下应施行不同的模式。“三社联动”在民族地区属于新生事物，发展初期必须依靠政府力量来引导方向、协调资源和主推政策，但从可持续发展角度来看，应基于民意需求、问题导向和底线思维，建设高效的内部联动机制来激发“三社”参与社区治理的动力和活力，使社区居民由“被动参加”变为“主动参与”，使社会组织和社会工作者由“配角”变为“主角”，充分发挥“三社”等主体服务社区居民的“同频共振”作用。本研究试图以内蒙古B市社区建设为切入点，从社区居民的公共性服务需求和自治权利出发，以提高社区居民的参与度和获得感为目标，通过政府社会治理空间让渡、政策引导、资金支持、社区协商和赋权增能等机制建设，有效培育社区社会组织和社工力量，拓宽居民参与社区事务的领域和途径，从而优化“三社联动”发展环境，最终实现“三社”联动精密、协同精准、服务高效和激发基层社会活力的目标。

1.2.2 研究思路

本研究以民族地区城市社区“三社联动”机制运行为主线展开，以内蒙古B市典型的社区“三社联动”实践为具体研究内容，分析“三社联动”建设环境和资源条件在欠发达民族地区的特殊表现，并在具体做法介绍、成效问题挖掘的基础上，以解决民族地区“三社”发展失衡、互联互动不畅等问题为导向，分别从地区层面研究“三社联动”机制建设的理念模式和制度安排，从社区层面研究“三社联动”机制运行的困境和成效，探索如何让民族地区“三社”有序地“联起来”、协调地“动起来”和持续地“火起来”的机制建设路径，以更好地实现社区居民自治和满足社区居民服务需要。

首先，在当前创新社会治理体系和提升社区治理能力的宏观背景下，指出民族地区城市社区治理是国家社会治理创新体系中相对复杂、重要和滞后的领域，从而提出“三社联动”机制需要重点研究的三个问题，进一步阐述研究背景、研究意义、主要概念和理论基础。

其次，以内蒙古B市社区建设为个案，描述“三社联动”机制的具体实践做法，重点剖析内蒙古民族地区“三社联动”机制建设的独特经济社会环境和社区资源条件特点。

再次，对内蒙古B市社区“三社联动”机制试点成效进行分析评价，探究其在发展理念、运行框架、资源条件和具体实施等方面存在的全国共性问题和区域个性问题，进一步指出“三社联动”机制运行缺陷及成因。

最后，从宏观地区层面、中观街道社区层面和微观社区服务层面，改善“三社联动”运行环境、优化制度设计、创新机制运作、激活内源动力，构建适应于民族地区城市社区发展特点的“三社联动”运行机制，从而形成民族地区“三社”有序地“联起来”、协调地“动起来”和持续地“火起来”的理论解释框架、机制建设路径和政策完善建议。

1.3 研究方法和研究特色

1.3.1 研究方法

1. 文献研究法

本研究通过梳理以“三社联动”为关键词的相关学术文献，分析民族地区社区建设环境和发展特点，给出本研究视域下社区、社会组织和社会工作专业人才的概念内涵，并厘清其在“三社联动”中的功能边界和本质特点，既体现民族地区“三社联动”机制运行环境的特殊性，又反映民族地区“三社”在社区治理过程中角色定位形态的“应然”和“实然”状态，揭示民族地区在城市社区建设不同时期下“三社”互动关系的变迁与联动机制建设的发展规律。

2. 个案研究法

本研究选取内蒙古B市QS区和KDL区的社区“三社联动”机制运行为典型实例，综合运用个案研究法、观察法和访谈法，既对“三社联动”机制在少数民族地区城市社区特殊环境下的运作条件和过程做出解释性梳理，又对“三社联动”实践做法、联动问题进行跟踪性调查、总结和对比。试图反映民族地区“三社联动”机制的主体特点、现实条件和发展困境，充分体现本研究的民族地域特色，又可触类旁通其他地区相类似的情况，进而为上升为一般性结论做好铺垫。

3. 规范分析法

本研究在兼顾全国“三社联动”普遍政策和共性特点的基础上，对“三社”主体的概念内涵、角色定位、功能边界和联动目标做定性分析，并立足于内蒙古B市社区“三社联动”运行实践，通过数据整理、座谈交流、实地观察等方法，客观归纳具体做法和措施，评析“三社联动”运行成效、问题和经验，在坚持国家推进社区治理创新的政策规范前提下，进一步阐述如何突破民族地区“三社联动”机制瓶颈以及如何有效应对的思路对策。

1.3.2 研究特色

1. 理论与现实的照应

理论引领实践，并在新的实践中丰富和创造新的理论。自从“三社联动”被提出后，理论界和实务界对“三社”的内涵边界、理论脉络等问题的探讨莫衷一是。在《关于加强和完善城乡社区治理的意见》中提出“三社联动”具体内容后，“三社”主体的意指才被真正确定下来。各主体在城市社区治理中充当什么角色、发挥何种作用、如何实现有效互动衔接，已成为理论和实践探索的重点，但目前从地区性实践经验上升到一般性理论还有一定的困难。原因是各地的“三社联动”实践所处的区位环境千差万别，依托的资源条件参差不齐，而且不同治理区域、不同民族秉性、不同文化传统在城市社区治理层面体现出来的异质性非常强，“三社联动”机制的统一性和多样性、共性和个性之间的冲突明显。所以，本研究基于包容差异、合作共赢的理念原则，在国家社会治理发展战略和社区治理体系建设的政策导向下，结合内蒙古民族地区城市社区环境特点，从具体的 B 市社区个案出发，遵循归纳、演绎和比较的方法，将“三社联动”的理论建构与解决最紧迫的民族社区治理问题联系起来，试图提炼普遍性的经验规律和理论共识，进而更好地指导民族地区城市社区治理实践。

2. 突出基层社区“三社联动”政策实验

基于案例选取的典型性和特殊性，着重介绍和分析内蒙古 B 市社区“三社联动”机制运行的具体做法，总结实践经验，评析现实成效，探索适应性和可行性较强的实施路径。重点突出基层社区“三社联动”政策实验的可借鉴性和可推广性，以便为其他地区城市社区治理提供更具有说服力的经验启示。

1.4 选取内蒙古 B 市社区案例的原因

1.4.1 地域的特殊性

相比发达地区，民族地区“三社联动”试点时间晚、布点城市少、进展相对缓慢，但不能为追求试点实验的大而全、短平快，盲目脱离本地实际去生搬硬套发达地区做法，只可借鉴经验，汲取教训。另外，民族地区内部的不同区域和不同民族社区之间势必有差异，不能搞“一刀切”改革或实行整齐划一的“一统模式”。正所谓“百里不同风，千里不同俗”，我国地域辽阔，东、中、西部的发展差距大，各地自然条件、地理区位、社区发展基础和资源禀赋千差万别，特别是不同民族秉性、不同文化传统和不同民族人口结构在基层社区治理层面体现出较为明显的异质性，民族地区城市社区“三社联动”机制建设路径势必具有独特之处。所以，不同民族地区的社区建设和发展要用好、用足和用活政策，力创“三社联动”机制建设的本地之法和特色之路。

可能读者会有这样的疑问：要研究民族地区城市社区的“三社联动”，为何要以内蒙古 B 市社区为个案，而不选择西藏或新疆这些民族关系更为复杂、民族问题更为突出的地域呢？新疆维吾尔自治区的克拉玛依市也是“全国社区治理和服务创新实验区”，以其做案例分析岂不是更具有民族地区的代表性吗？笔者之所以选择内蒙古 B 市社区为典型案例，主要是因为：

第一，内蒙古是我国成立最早的民族自治区，是被公认的“模范自治区”和民族区域自治的“光辉典范”，有力维护了民族团结进步、社会和谐稳定和边疆安宁稳固的良好局面。我国民族自治地区众多，内蒙古之所以能脱颖而出，荣膺“模范自治区”60 余载，根源在于始终坚持和完善党的民族区域自治制度，贯彻和落实党的民族政策，长期实现了民族团结与边疆地区稳固，而所有民族工作的成绩和落点都体现在基层社区治理上。换言之，内蒙古长期保持民族团结和安定有序的社会治理，是在基层党建引领多民族社区治理创新的基础上，确保了良好的基层社区治理和稳定的社区民族工作，这也是扎实推进新时代模范自治区建设的持续工作重心。

第二，内蒙古 B 市连续两次入选“全国社区治理和服务创新实验区”，实验成效良好，发挥了内蒙古社区治理创新试点的“头雁效应”，代表了内蒙古社区治理创新实践的最高水平和未来发展方向。

1.4.2 个案的典型性

个案研究的实质是通过对某个（或几个）案例的研究，来达到对某一类现象的认识，而不是达到对一个总体的认识。任何个案，都是共性和个性的统一，而且共性通过个性而存在，并通过个性表现出来。[①] 如果一个个案能较好地体现出某种共性，那么对于这个共性来讲，这个个案就有了典型性。本研究选取内蒙古 B 市社区“三社联动”机制建设为个案，主要是因为其在实践过程中既暴露出“三社联动”宏观层面的共性问题，又在民族地区社区治理创新上具有较强的民族性特点，民族元素的个性问题突出。另外，内蒙古 B 市社区几乎涵盖了所有的社区类型，是极其具有代表性的一个地区样本，而且其“三社联动”机制探索在民族地区中起步较早，实践做法相对比较前沿，还是民政部指定的社区治理和服务创新实验区……所以，笔者以内蒙古 B 市社区“三社联动”为典型案例，既能从中找到亮点，又能凸显民族地区“三社联动”实施过程中存在的现实问题，更能够通过详细调查、系统研究、统计分析和归纳总结来触类旁通其他民族地区相类似的情况。换言之，以它为个案研究对象和载体，既可以通过个性来寻找共性（即典型性），又可通过个性观察来解释个案的独特性。这对加快社区治理创新具有重要意义，也有助于阐述民族地区“三社联动”机制建设路径的独特性问题。

内蒙古 B 市是第二批和第三批连续入选“全国社区治理和服务创新实验区”的民族地区城市，也是在少数民族地区中入选的为数不多的试点城市，其“三社联动”的实验示范效应和发展战略意义相对较大。另外，选择内蒙古 B 市社区也是出于研究便利性的考虑，特别是方便笔者的调研进入和资料收集。文中涉及内蒙古 B 市社区资料主要由 2018 年 3 月至 2019 年 3 月笔者的实地调查、访谈和观察汇总，以及收集社区管理部门文件资料等而形成。其中，有些是未公开的内部工作总结和汇报材料，有些是已公开的新闻报道，而文中在涉及内蒙古 B 市社区的材料和数据中如有未标出来源的，皆出自上述几处，特此说明。

---

① 王宁．代表性还是典型性？——个案属性与个案研究方法的逻辑基础［J］．社会学研究，2002（5）：123-125.

2 “三社联动”的理论解读

概念内涵的清晰界定和理论依据的完整阐释是进行科学研究的必要前提，更是规范研究主题和论述主线的基础。本研究主题是民族地区“三社联动”机制，为确保研究内容的准确性和适配性，下面就相关的研究问题、核心概念和基础理论予以界定分析。

2.1 “三社联动”的演进脉络

2.1.1 “三社联动”术语缘起

关于“三社联动”术语是如何产生的，目前有不同的说法。有学者考察，“三社联动”术语最早产生于20世纪90年代的中国农村经济改革。当时“三社”是指基层供销社、信用社和乡村经联社；“联动”是指“三社”相依，优势互补，形成一支功能齐全、运行自如的基层服务队伍，协调一致地为农业生产服务。① 此语境下的“三社联动”是对农村经济发展模式的总结，并非社区服务和社区建设语境中社区治理创新方式的概念所指。社区建设中“三社联动”术语的前身和发源，目前普遍认同的考证是：在地方政府提出“两工联动”以及2004年由上海市民政部门提出

① 侯俊．“三社”联动配套服务，农村社会化服务的新路子［J］．河北农业科技，1992(6)：8-9.

“三社互动”的基础上发展起来的。①

社工与义工合作的“两工联动”模式率先在上海、深圳等经济发达地区提出并实践，具体是指在社会服务中采用“社工引领义工开展服务，义工协助社工改善服务”的运行机制。后来又有很多提法，如在社工和义工（或志愿者）之外又增加了社区政工干部，称为“三工联动”，还有“两工同行”等口号。目的都是以社区为平台，以各类机构为载体，整合社工、义工的人力资源，实现“两工”的联动双赢、互补互惠、互动共进，以提高社会服务质量，保障服务对象的基本权益。

“三社互动”概念由上海市民政部门2004年提出②，是基于社区、社工、社团互动形成的“以社区为工作平台、以社团为组织载体、以社工为队伍抓手”分工合作的工作思路。随着社区建设和社区治理的深度拓展，在“三社互动”基础上，为进一步突出“三社”要紧密连接、协调互动、凝聚合力的特点，整合为“三社联动”概念，目的是把分散的社区、社会组织和社工联系起来，形成合力，发挥1+1+1>3的整体效果。后来又衍生出众多新提法，如将“两工联动”的主体内容相糅合，在“三社”基础上增加了义工（或志愿者），形成“四社联动”，或是增加了高校社团和社会力量等主体形成“五社联动”等。

“三社联动”的官方表述是从2010年以后才开始出现的。一般认可2013年11月民政部和财政部联合下发《关于加快推进社区社会工作服务的意见》（民发〔2013〕178号）中的表述：“建立健全社区、社会组织和社会工作专业人才联动服务机制。”③ 该意见出台后，社区实务场景下工作人员以该表述作为官方对“三社联动”的定义，后来在党和政府出台的多项相关政策文件中，又不断丰富和完善了“三社联动”的功能、任务和目

---

① 曹海军，吴兆飞．社区治理和服务视野下的三社联动：生成逻辑、运行机制与路径优化［J］．华南师范大学学报（社会科学版），2017（6）：30-37.

② 2004年，上海市民政局出台《关于在本市民政系统及相关配套机构配置注册社会工作者的意见》，提出了“三社互动”的说法。

③ 民政部 财政部关于加快推进社区社会工作服务的意见［EB/OL］.（2013-11-05）. http：//www. gov. cn/gongbao/content/2014/content_ 2600242. htm.

标等内容。“三社联动”本质上强调的是社区平台、社会组织载体和社会工作专业人才之间互联、互动与互通，以满足居民需求为导向，提供专业化服务，把矛盾化解在社区、把多元服务供给实现在社区的一种社会治理模式。①

无论是“两工联动”“三社互动”“三社联动”，抑或几社联动，万变不离其宗，“三社”是核心主体，都是从管理到治理、从科层到网络、从单一主体到多元主体的话语转换背景下展开社区建设叙事的。

2.1.2 “三社联动”问题提出

“三社联动”之所以作为一个问题被提出，也就是要回答为何要实施“三社联动”，从根本上讲，“三社联动”是回应我国基层社会治理工作面临的体制转型挑战和遭遇的现实发展困境而创新出的一种社会治理方式，是新时期社区治理语境下的产物。

从理论上讲，社区、社会组织和社会工作者本就是独立主体，没有大小之分和先后之序，② 更没有谁依附谁之说。要说有分别，那也只是在社会事务管理中所扮演的角色和承担的责任有所不同，而“三社”主体活动边界有一定的重合叠加，服务公众的方式和公益性目标又殊途同归，所以有“联”起来的天然可能。但为何联、因何动呢？这是特定时代环境下，社区管理模式适应性变革的客观使然。随着改革开放的不断深入，社会结构变迁加速，社会流动速度加快，计划经济体制下原有单位剥离了社会职能，街居制开始逐步让位于适合市场经济体制的新型社会支持网络——社区制。城市社区短时间内无法承载大量下移的社会管理职能和公共服务职责，而社会组织和社会工作发育尚不健全，社区管理部门行政化问题严重，基层社区呈现出碎片化、自组织状态，致使社区服务数量不足、质量不优、结构不良的问题日渐凸显，与居民社区服务需求增加之间的矛盾持续升级，社区整合基层社会的能力普遍弱化，政府服务基层社区

① 李广斌．完善“三社联动”体制机制［N］．青海日报，2018-07-23（11）．

② 徐富海．“三社联动”：如何“联”如何“动”［J］．中国民政，2015（12）：16-28．

也是“心有余而力不足”……迫切需要基层社会管理体制的转型变革。

从实践角度看，催生“三社联动”的主要原因是新时期社区工作面临的巨大发展困境，归纳为以下三个方面。

第一，社区居民需求多样化与社区服务供给力量单一化之间的矛盾尖锐。改革开放以来，我国经济、社会和政治各领域发展迅速，人民物质生活水平不断提高，社会组织形式、居民生活方式和就业形式发生了巨大变革。城市社区成为人们居住和生活的重要场所，社区居民的构成和成分日渐多元化，特别是大量退休人员、下岗失业人员和流动人员进入社区后，社区管理服务的难度越来越大。具体表现在：首先，社区居民需求和社区公共事务不断扩大带来的服务供给压力。多元类型社区居民的需求差异性大，加之需求总量持续上升，需求内容和质量要求也大幅提升，基本涵盖了物质需求、社会安全、社会交往、卫生保健、生活环境、社会参与、精神文化等多个维度的各个方面，社区公共事务日趋呈现出多样化、庞杂化和精致化的特点。其次，传统社区管理组织短期内不具备承接社区公共服务的能力。很长一段时间内，社区公共服务的提供基本还是政府在唱“独角戏”，动员型的社区管理占据主导，社会组织和专业社工成长不健全，特别是民族地区的社会组织发育迟缓，单靠社区居委会“一家之力”无法有效处理如此多元的社区公共事务。最后，社区居委会已不是计划经济体制下事事包办的“生活百事通”，也不再是社区居民唯一依赖的“热搜索”，在受到“上面千条线、下面一根针”的“夹心”压力后，造成社区服务供给总量不足、供需脱节、供给质量和专业化程度偏低等问题，身处社区的居民也感受不到服务的存在，对社区认同感、归属感和服务的满意度不高，这都与其承载社区公共服务的能力不足有直接关系。

第二，社区居民缺乏参与社区公共服务供给的问题突出。社区公共服务是满足社区居民多元化需求的主要途径，公共服务要做到有效供给，不能仅依靠单一的行政力量。在传统社区管理中，居民只能被动接受政府统一安排的社区服务，从始至终都未参与服务的设计和实施，政府甚至都没有征求过居民的意愿和意见，没有追踪过居民的需求感受，更缺少对居民服务满意度的调查反馈，导致居民对服务认同性与服务行政化之间的矛盾尖锐，居民获得服务的尊严感和选择服务的权利欠缺。一方面，传统社区管理中政府主导的行政化倾向较为严重，专业社会组织和社工发展空间受限，缺少多元力量联合提供多样化服务，居民个性需求的差异化得不到承认和满足，居民的服务获得感降低；另一方面，尽管居民的社区参与意识和能力日趋增强，但参与渠道相对较少，最终导致参与意愿受到冷落，更像是陷入一种参与渠道窄和参与意愿低的恶性循环中。

从本质上讲，社会组织作为居民实现社区参与的重要载体，总体上是供不应求的，但服务质量有待提升。特别是在欠发达的民族地区社会组织发育不良，社工专业人才匮乏，专业化、针对性和高质量的社区服务就更无从谈起，这也反映出社区居民对日益增长的美好生活需要与社区发展不平衡不充分之间的巨大矛盾。

第三，城市社区管理面临社会化、法治化、智能化、专业化的严峻挑战。随着我国工业化、城镇化和市场化的快速推进，城市社区已经进入包括人口在内的各类社区要素的高速流动和分化阶段，社区居民需求多层次、多样性的趋势愈加明显，原本由单位承担的社会服务和社会福利不断向基层社区转移，基层社区成为社会矛盾的集聚地，迫切需要社区治理社会化和专业化的跟进。但很长一段时间内，社区中承接社区服务的社会组织“空缺”，而政府社区管理职能“放手”太快，社会力量成长空间不足，其他社区管理主体一时没有做好足够的对接准备和能力，更重要的是政府和社会在社区公共服务供给责任的边界尚不清晰，相关立法滞后或是立法模糊……在社区发展不平衡不充分的欠发达民族地区，传统的行政化、救济式、人工化的社区服务还占据主导地位，社区资源大多来源于政府部门且呈现出碎片无序状态，政府仍承担一些自身不擅长的技术性、服务性和辅助性行政事项，社区服务的政府包办化和自上而下的运动式特征依旧明显；社区社会组织对政府的依赖性较强，社区居民参与度较低，社区服务人工化运作还是常态，没有全面普及数据化分析、智能化服务，社区治理的协同化、高效化和专业化程度没有达到应然状态。上述提到的问题，其背后隐喻的是新形势下社区管理来自社会化、专业化、智能化和法治化发展要求的重大挑战。

“三社联动”正是为了解决以上问题而产生的。换言之，基层社区治理问题、困境和挑战，要求在理论和实践层面都要立足时代特点，促使社区、社会组织和社会工作专业人才队伍发挥特定的功能价值，优势互补形成合力，对基层社会治理结构予以适应性的创新变革，更好地贯彻共建共治共享发展理念，满足人民群众对美好生活的期盼。“三社联动”机制正是顺势而为的一种社会服务模式的全新探索。

2.2 “三社联动” 的内涵思考

2.2.1 “三社”概念论争

自“三社联动”诞生之日起，关于何谓“三社”就存在着多种观点。目前政策文本表述和学者理论解读也对“三社”主体的理解表达含糊、关系指代不清。

首先，在政府政策文本中，关于“三社”的术语表达就曾出现过不同的说法，“三社”主体意指有差别。有界定为“社区、社会组织和社会工作专业人才”，有所指为“社区、社区社会组织和社会工作”，还有称为“社区、社区社会组织、社会工作者”，以及“社区、社会组织、社会工作”（见表 2-1）。另外，民政部相关领导在会场讲话中谈到的“三社联动”前后也不一致，特别是将“第三社”分别描述为专业社会工作[①]和社会工作专业人才[②]。社会工作专业人才是专业社会工作的元素之一，这二者之间的内涵范围不可同日而语，差别甚大。“三社”称谓的不统一，也说明所指对象的不同，其属性和内涵边界存在差异，在很大程度上造成了

① 李立国．在全国社区社会工作暨“三社联动”推进会上的讲话［EB/OL］.（2015-10-12）. http://www.mca.gov.cn/article/zwgk/mzyw/201510/20151000876120.shtml.

② 李立国．充分发挥民政在社会治理中的作用［N］. 光明日报，2016-02-01（16）.

公众的误读。

表 2-1　政府政策文件关于“三社联动”中“三社”的表述

印发日期和部门	政策文件名	关于“三社”的表述	“三社”的主体意指
2013年11月15日 民政部、财政部	《关于加快推进社区社会工作服务的意见》（民发〔2013〕178号）	建立健全社区、社会组织和社会工作专业人才联动服务机制	社区、社会组织和社会工作专业人才
2016年8月21日 中共中央办公厅、国务院办公厅	《关于改革社会组织管理制度促进社会组织健康有序发展的意见》（中办发〔2016〕46号）	建立社区社会组织与社区建设、社会工作联动机制	社区、社区社会组织和社会工作
2016年11月3日 民政部等16部门	《城乡社区服务体系建设规划（2016—2020年）》（民发〔2016〕191号）	健全城乡“三社联动”机制。充分发挥社区的基础平台作用、社区社会组织的服务载体作用、社会工作者的专业支撑作用，建立居民群众提出需求、社区组织开发设计、社会组织竞争承接、社工团队执行实施、相关各方监督评估的联动机制	社区、社区社会组织、社会工作者
2017年6月12日 中共中央、国务院	《关于加强和完善城乡社区治理的意见》（中发〔2017〕13号）	推进社区、社会组织、社会工作“三社联动”，完善社区组织发现居民需求、统筹设计服务项目、支持社会组织承接、引导专业社会工作团队参与的工作体系	社区、社会组织、社会工作

其次，在学界理论研究上，不同时期学者对“三社”的主体内涵各有领悟。例如，早期研究“三社联动”的叶南客和陈金城（2010），将其定义为社区、社区社会组织和社工队伍三者之间的联动①，后来叶南客和陈金城（2016）又对其内涵进行了拓展：将社区及其角色界定为“以社区党组织、社区居委会等主体代表了行政区划意义上的社区，以社区服务中心

① 叶南客，陈金城．我国“三社联动”的模式选择与策略研究［J］．南京社会科学，2010（12）：75-80.

等活动、服务平台代表了参与社区建设平台意义上的社区”；将社区组织界定为“不仅是具有合法资质的法人社会组织，而且还包括更广泛、更具动态性的社会组织”；认为社会工作者是“既有专业的社会工作者，还有长期从事基层社区工作、以街居制干部为主体的社区工作队伍”。① 王思斌（2016）从实践意义上界定“三社”的内涵相对更小，认为“三社”的主体为社区居委会、社会组织和社会工作者。② 多数学者基本认可社区的平台角色、社区社会组织的载体角色以及社工队伍的支撑角色。③

最后，在实践操作探索中，社区“三社联动”机制涉及主体纷繁复杂。由于官方对“三社”的具体所指没有明确规范，学术理论界定也是见仁见智，所以在实践中出现“一筐装”“一锅烩”的现象，主体归属不明确，操作不一致。例如，既可将社区视为一个平台，又可将其视为一种共同体，还可将其视为居民委员会，甚至还可理解为基层党政组织。到底谁能代表“社区”，从认识上就模糊不清，在本质上也混淆了社区主体性和行动者的内涵。对于社会组织的理解就更为复杂。理论上的社会组织，本就是一个非常宽泛的概念，不同学科有不同界定，对应到实践中的类型，认识出现了较大分歧和理解错位。在社区实践中，虽然一般认为社会组织是与政府部门、市场企业并列的第三部门组织，即正式登记注册的NGO或NPO等，但现实中也存在大量没有正式登记的自治组织、自组织或“草根组织”活跃在社区中，而这些“草根组织”（尤其是社区社会组织④）在“三社联动”中也发挥着巨大作用。另外，部分社区工作者将社区社会组织理解为公益类或文体类社会组织，将解决矛盾与纠纷的社会组织排除在外。“三社”中对“社工”的认识曾一度出现混乱，不是边界太

---

① 叶南客．“三社联动”的内涵拓展、运行逻辑与推进策略［J］．理论探索，2017（5）：30-34.

② 王思斌．“三社联动”的逻辑与类型［J］．中国社会工作，2016（2）：61.

③ 曹海军．“三社联动”的社区治理与服务创新——基于治理结构与运行机制的探索［J］．行政论坛，2017（2）：74-79.

④ 社区社会组织，是“草根组织”的一种，是指由社区组织或个人在社区（镇、街道）范围内单独或联合举办的、在社区范围内开展活动的、满足社区居民不同需求的民间自发组织。

大，就是范围太窄。在确定“社工”是人才队伍体系而非专业理论体系之后，又陷入了具体人员构成的争论中，即“社工”到底是专指拥有社会工作专业素养的专门性人才，还是将持证社会工作者、社区工作者、义工（志愿者）也包括在内，目前观点还有很大分歧。

2.2.2 本研究中的“三社”意指

不难看出，关于“三社”主体内涵的讨论是激烈且旷日持久的。无论是从理论上还是实践上考察，都很难对其进行单维度的解析，更何况其运行场域多变、研究视角多元。但概念内涵的基本问题不搞清楚，“三社”就失去了主体价值存在性和客观实在性，也无法准确发生互动联系。因此，结合政府文件表述、前人理论研究和实践具体表现，笔者尝试给出本研究视域下的“三社”含义。

1. “三社”主体之一的社区

关于社区的概念，目前尚无统一的定义，但在构成社区基本要素的认识上达成了共识，即包括人口要素（一定数量的人口）、地理要素（一定范围的区域）、经济要素（经济生活）、社会要素（社会交往）和社会心理要素（共同纽带中的认同意识和特定的文化）。以此为据，我们结合中国社区建设实际，认为社区是指“聚居在一定地域范围内的人们所组成的社会生活共同体。目前城市社区的范围，一般是指经过社区体制改革后做了规模调整的居民委员会辖区”。[①] 这也是《民政部关于在全国推进城市社区建设的意见》（中办发〔2000〕23号）文件中的官方表述。

结合社会治理体制改革的背景和目标以及党建工作的上下延伸性特点，我们认为在以“三社联动”为代表的政社互动关系中，社区党委（党组织）扮演着重要的领导角色，占据实际工作的领导地位，而且社区“两委”交叉任职已经慢慢成为常态。因此，在理论上应将社区作为“三社联

---

① 民政部关于在全国推进城市社区建设的意见［EB/OL］.（2000-12-12）. http://www.cctv.com/news/china/20001212/366.html.

动”的综合平台，在实践上将社区居委会和社区党委（党组织）作为社区的行动主体代表，与社会组织和社会工作者进行并列和联动。

2. “三社”主体之二的社会组织

关于社会组织的概念和分类，目前尚未有统一规范，但正逐步走向规范①。理论上讲，社会组织应该是除政府部门和市场企业部门之外的第三部门，也即 NGO 和 NPO，但这个含义指代在我国不具有现实操作性；实践上看，社会组织的分类是多元混杂、指向不明的，不同类型社会组织内部交叉重叠，即使在政府法规政策中也存在表述不一致的问题。例如，把社会组织主体组成分为社会团体、基金会、社会服务机构、民办非企业单位、涉外社会组织等，而每一类社会组织自身的概念却又含糊不清，特别是现实中各类社会组织名称冠名杂乱，组织形式和组织类型不一，误导了社会公众，认为社区中承载服务的组织都是社会组织。应该正视的问题是，理论上所有的社会组织都可以作为“三社联动”的主体，可参与社区服务供给、承接服务项目，但真正在实践中进入社区参与服务提供的社会组织②，多是那些与社区居民需求高度相关的社区社会组织，以及与社区工作和活动密切联系的居民委员会（群众性的自治组织）、业主委员会（自治性的服务组织）和物业公司（市场化的商业组织）。

从本研究的案例实际出发，我们认为目前参与“三社联动”的社会组织主体构成主要有：一是社区社会组织，包括公益慈善类、社会事务类、议事协调类、社区服务类、文化体育类五种类型；二是公益性社会团体；三是专业社会工作服务机构。

---

① 2018 年 9 月 1 日，民政部《社会组织登记管理条例（草案征求意见稿）》公开征求意见截止。与以往将基金会、社会团体、民办非企业单位分别立法不同，此次民政部将前述组织均纳入《社会组织登记管理条例》中进行规制。民政部已在《民政部 2019 年立法工作计划》中，将《社会组织登记管理条例》列入，并于 2019 年 7 月开始拟提请国务院审议，这说明《社会组织登记管理条例》的制定已经进入最后阶段，一旦审议通过并由总理签发，即可正式施行。

② 在“三社联动”的社会组织层面，目前只有在民政部门注册成立为独立法人团体的社会组织受到学界和实务界青睐，而社区社会组织这一类广泛存在并发挥积极作用的自组织并未被认可，但在实践中却发挥着灵活有效的功能。

3. “三社”主体之三的社会工作者

目前关于“三社联动”中社工的理解，存在不同的观点倾向。第一种观点认为，社工主要是社会工作和社会工作者，前者是指一种以为民解困和助人自助为宗旨的、以科学的理论和方法为手段的专业性、职业化的社会服务工作①，后者是指专门从事社会工作的人。作为“三社联动”的主体，只能是社会工作者或从事社会工作的专业人才，即拥有社会工作专业素养的专门人才。第二种认识倾向是，“三社联动”中的社会工作者应该是个宽泛概念，只要是在社区工作的人员都应该属于社会工作者。笔者认为，第一种观点界定范围太窄，第二种观点界定范围太宽，从社会工作者的资质条件和资源要求角度来界定更为适宜，应把临时性的社区工作人员和义工（或志愿者）排除在外。

鉴于现有定义和实践之间存在区隔，并基于本研究的案例实际和民族地区社会工作实务困境，我们认为参与联动的社会工作者主要包括两类：一是在专业社会工作机构从事一线服务的专业社会工作者，即受过社会工作大学教育或取得国家社会工作资格认可的，从事社会工作实务，自觉实践社工价值、理念和方法的从业者；二是在社区“两委”工作人员中，取得社会工作师资质的专职社区工作人员。

2.2.3 “联动”的概念解析

对于“联动”的具体指向，不同学者的界定有别，理解各有侧重。如叶南客和陈金城（2010）从方法论角度认为，联动是“一种通过社区建设、社会组织培育和社会工作现代化体制建立，形成资源共享、政社互动的良好格局”。② 王思斌（2016）从本体论意义上强调，联动是“三社主体之间的联合行动，互相促进，实践各自职能，获得共同发展的过程”。③

---

① 王思斌. 社会工作导论［M］. 北京：高等教育出版社，2013：19-33.

② 叶南客，陈金城. 我国“三社联动”的模式选择与策略研究［J］. 南京社会科学，2010（12）：75-80.

③ 王思斌. “三社联动”的逻辑与类型［J］. 中国社会工作，2016（2）：61.

顾东辉（2016）认为，“联乃动词，本意是联结，可以是同一层面不同主体的联结，也可以是同一系统内不同要素的联结；动即行动或运作，与联并存共生，但联是基础、体制和结构，动是目标、机制和功能，动是三社联动的关键”。① 曹海军等（2018）认为，“三社联动，一个是联的问题，体制机制创新，以联席会议制度等，实现跨部门协作，即协作体制；另一个是动的问题，即动力机制，以政府购买服务，扶持社会组织，撬动社会资源”。②

不难看出，到底何谓联、何谓动的问题，理论上尚未形成统一的认识。但在实践中随着“三社联动”机制的深入开展，“联动”的本意逐渐清晰，至少用排除法可以厘清一些误读。

第一，不能把联动简单理解为主体之间的结对而行和联合行动，更不是社区代表政府主导下的简单拼盘和指挥行动。对社区而言，社会组织和社会工作者不是配合或配套的角色，三者之间是平等、协商、合作的关系，相互沟通、信息共享、共同决策、共同行动、共享成果和共同发展是联动的本质和目标。只有这样，主体之间的“联”和“动”才具有可持续性。

第二，联动的基础是基于主体间的优势互补、相互信任、信息共享和资源整合。换言之，在服务社区居民、满足居民需求和化解基层社会矛盾时，“三社”主体都无法单独依靠自身的资源、能力和技术方法来胜任或完成，而是以基于宏观目标内在的趋同和服务居民需求的项目设计，把各自特有的资源整合、信息互通共享、优势互补，发挥自身的强项和优势，弥补各自的不足和劣势，进而实现融合、互促、共赢的发展结果。信任和互惠是“三社”得以联动的前提。

第三，联动是平等、友好和协商的过程。不要把联动中的主体协商合作，曲解为行政化的工作分配和任务指派，任何主体都有平等选择合作和

① 顾东辉．“三社联动”的内涵解构与逻辑演绎［J］．学海，2016（3）：104-110.

② 曹海军，薛喆．“三社联动”机制下政府向社会力量购买服务的三个阶段分析［J］．中国行政管理，2018（8）：41-46.

退出的权利，社会组织和社会工作者的独立性、专业性要受到尊重。也不能把“三社”主体资源的整合误解为资源的简单归并和机械相加，或是通过垄断来进行整齐划一的行动。应理解为是在社区人本化目标一致的基础上有规则地共建共治、协同互助和各显神通，最终实现 1+1+1>3 的共享过程。

第四，联动不是盲目地联、胡乱地动，应把握“定准位、传好球、尽好责”的原则和尺度。换言之，“三社”主体联动能否取得实效并获得成功，关键在于治理体制、职责角色和功能边界是否定位准确和清晰，责任归属、衔接机制和工作关系是否设置得当和顺畅。这不单是依靠主体本身的工作使命感和道德责任感，更多的是取决于联动制度、体制和机制的科学合理设计。

第五，联动并非只是主体之间的联和动，更深层次的是主体在不同社区事务系统中的要素联动。在社区服务、社区建设、社区治理和民政工作领域，都可以针对某一具体的社区议题或服务项目进行主体、对象、方法、目标和伦理等要素的联动。例如，社区议题是实务工作开展的对象，社会组织是具体实务主体，社会工作专业人才则是具体实务执行者，专业社会工作则可以视为实务专业方法，而且伦理和目标均融于方法之中，这样的要素联动取决于社区议题和其他要素选择的匹配性和专业性。① 在不同的社区议题中，联动的主体责任权重、联动方法和目标的达成都有不同的规则和配置，类似于“一把钥匙开一把锁”的原理。

2.2.4 “三社联动”的内涵拓展

正如对“三社”和“联动”的概念界定存有较大争议一样，给“三社联动”下一个具有共识性的定义还是比较困难的。目前，广泛流传的“三社联动”官方表述是“以社区为平台、社会组织为载体、社会工作专

① 顾东辉．“三社联动”的内涵解构与逻辑演绎［J］．学海，2016（3）：104-110.

业人才为支撑的新型社区服务管理机制”①，这是对社区、社会组织、社会工作者共同参与社区建设、创新社会治理的通俗性概括，但在实践中存在明显的解释限度。需要结合内蒙古 B 市社区治理实践经验，对“三社联动”机制的内涵做进一步拓展。

基于上述“三社”和“联动”词义的解析，结合目前“三社联动”实践探索的外在表征，我们认为：“三社联动”是在政社分工与合作互惠的理论逻辑下，通过权力下移、向基层赋权和增能等外在化机制，驱动社会力量参与社区建设，激发社会资源互补整合，推进社区治理创新和提升公共服务水平。

1. 社区的“本位”特征

对“三社联动”中的社区，要作为与社会组织和社会工作者并行联动的核心要素考虑，就不能仅将其视为一个平台，而是至少需从以下三个维度来理解。首先，社区是互动平台。具体指的是地域和行政区划意义的社区，是社区事务发生的社会地理空间，即社区是一种社区建设的活动平台或服务平台。其次，社区具有主体性特征。社区范围和空间下包含着参与社区建设活动的具体行动者，如街道办和社区居委会、社区层面的党组织和社区居民。如果不赋予社区的行动者内涵，就很难与社会组织和社会工作者等实实在在的互动主体纳入同一个维度加以“联动”分析。最后，社区要体现共同体意义上的社区内涵。如果“三社联动”不将最终落脚点放到社区建设和社区发展上，或是不凸显目的性或目标性问题，那么“三社”就没有联动的意义。因此，“三社联动”的核心在于坚持“社区本位”原则，其根基是通过社会资源在社区层面上的整合与运用，在多元主体合作分工机制下形成合力，其宗旨是推动社区建设从碎片化向整体性迈进，从地域共同体向生活共同体、精神共同体和情感共同体转变，实现社区自治能力提升、自身永续发展和内部团结整合的目标。

① 民政部、财政部关于加快推进社区社会工作服务的意见［EB/OL］.（2013-11-05）. http://www.gov.cn/gongbao/content/2014/content_2600242.htm.

2. 社会组织的“载体”属性

“三社联动”中社会组织的本质属性是在政府及其派出机构与社区居民之间发挥桥梁、媒介和载体作用，这一点已被社会所公认。在具体的联动实践中，哪些社会组织可以发挥项目运作载体功能，是个现实困境问题。理论上讲，具有合法资质的法人社会组织，包括社会团体、民办非企业单位、基金会等法定意义上的社会组织，都可以“名正言顺”地为社区提供各类服务。但实践表明，仅仅通过现有的法人社会组织来引领和动员社区居民参与社区建设，既脱离实际又成效甚微，反倒是一些社区自组织（如各类社区社会组织等），可将社区内具有相同兴趣爱好、相似行动偏好的分散居民聚集起来，共同参与社区公共事务处理和社区建设，凸显了社会组织在政府与居民个体之间的桥梁作用和媒介功能，理应纳入“三社联动”的社会组织范畴。因此，从单一法定的社会组织范畴向更为多元广泛的社区社会组织范畴转变，是理解“三社联动”中社会组织内涵的重要一环。

3. 社会工作人才队伍的“支撑”功能

“以人为本、助人自助”是社会工作的核心宗旨，也是社会工作践行专业服务的基本原则。这需要通过一系列专业的价值理念和专门的方法技术，依托社会工作者外化为向有需求的个人、家庭、社区提供“接地气”的相关服务。但在实践中，仅有专业社会工作者是无法支撑起整个社区服务的，需要与本地社区工作人员实现互动与互补，形成“专业性与本土性”相结合的社会工作人才队伍，这样才能更好地发挥社区服务供给的“支撑”功能。具体整合逻辑是：专业社会工作者通过专业的理念、方法等元素影响社区工作人员，积极改善和规范社区工作人员的服务心态和行动实践；反过来，社区工作人员则凭借其熟悉社区情况、具有丰富社区工作经验的优势，带领专业社会工作者进社区，上门入户了解社区居民需求，形成了一种“互为师生”的关系格局；在凸显专业社工重要性的基础上，通过专业力量与本土力量的整合，实现专业社工的社区化和在地化，提高社区工作人员的工作素质，从而壮大社会工作人才队伍。

4. “三社联动” 应突出优势主导

“三社”是平等主体，联动中不存在谁领导谁、谁先谁后、谁重要谁不重要的问题，只存在特定社区议题上分工不同和侧重有别的现象，需充分体现出共建、共治、共享中“共”的深刻内涵。凡是在关于社区建设、社区服务、社区治理等的社区共同事务中，都需要多种社会力量的联动、合作、协调和共同发力，但问题是参与联动的各方主体在具体、单个社区事务上，其参与程度、参与能力和角色责任有所不同，毕竟各主体有各自独特的长处和能力，都有自身擅长的领域和服务优势。因此，“三社联动”应突出优势主导，[①]“三社”中哪一方主体在某个具体的社区事务处理上有优势、有长处、有更多资源，哪一方就占据主导地位或者承担更多的职责，其他各方积极参与其中，在寻求共同目标和最大共识基础上实现无缝合作与共同发展。

总之，只有重新审视理论并结合具体实践，对“三社联动”的内涵加以厘定和再认识，并在学理上进一步完善其理论基础和实践框架，才能真正发挥“三社联动”在社区治理创新和社区建设中的真正作用。当然，随着“三社联动”实践的深入和理论的拓展，还需要做多学科、多视角的持续性分析。

2.3 “三社联动” 的理论基础

2.3.1 “三社联动”机制和模式的辨析

与发展较快的实务领域相比，“三社联动”的学理研究基础还相对薄弱。现实中，不仅面临着概念界定的困境，而且对“三社联动”是一种模式还是一种机制，尚无定论，两种说法并存且混乱使用，有必要正本

① 王思斌. 优势主导的“三社”联动 [J]. 中国社会工作，2015 (9)：62.

清源。

整理和归纳相关文献后发现，目前对“三社联动”术语表达或使用基本是规范和统一的，但在具体语境下还有“机制”或“模式”的不同组合用法。如常见的“三社联动”机制或“三社联动”模式、“三社联动”服务机制或服务模式、“三社联动”运行机制、“三社联动”工作机制或工作模式、“三社联动”社区治理机制或社会治理模式等，让人眼花缭乱、莫衷一是。从构词和使用语境的不同角度来理解，应该有不同的意指。

我们先从构词角度来辨析“机制”和“模式”。现代汉语中，“机制”和“模式”两个词语是单独作为名词使用的，而作为合成词使用时多为动宾结构。其中，“模式”是结构主义用语，在不同学科有不同的含义，但核心内涵是用来说明事物结构的主观理性形式，多指事物的标准式样①或主体行为的一般方式，具有一般性、重复性、结构性、稳定性、可操作性等特征；“机制”原指机器的构造和工作原理，② 后被生物学和医学类比借用，指生物机体结构组成部分的相互关系以及期间发生的各种变化过程的物理、化学性质和相互关系。现已把“机制”的本义引申到自然现象和社会领域，产生了不同的说法，但本质上是指有机体的构造、功能和相互关系，或者各要素之间的结构关系和运行方式等。③

从社会学视域比较，“模式”强调事物稳定的形成和成熟的结构，是从不断重复的事件或现象中发现、抽象和升华出的规律，是把解决某类问题的方法或经验总结归纳到理论的高度，并成为一种标准样式，凸显主体行为方式的稳定性和一般性。“机制”强调事物内部组织结构和运行变化的规律，即事物由哪些部分组成，为什么由这些部分组成？这些组成部分运动中的相关关系和功能是什么，工作原理是什么，等等，通常是在正视事物各个部分存在的前提下，协调各个部分之间关系以更好地发挥作用的

---

① 商务印书馆辞书研究中心．新华词典［M］．北京：商务印书馆，2011：693.

② 商务印书馆辞书研究中心．新华词典［M］．北京：商务印书馆，2011：445.

③ 汉语大字典编纂处．60000词现代汉语词典（全新版）［M］．成都：四川辞书出版社，2014：378.

具体运行方式，凸显系统的内在联系、功能及运行原理。

具体到“三社联动”现象中分析，后缀加“模式”和“机制”是没有用法上的错误的，只是意指的领域和侧重有所不同罢了。在概念层级上，“三社联动”模式是作为一种社会治理模式在社区层面的总体框架应用，是社会治理和服务创新模式的一种，而“三社联动”机制是作为一种社会动员机制在社区层面的具体行动方式，是政社合作机制的一类。也即，这两者不在同一个论域和概念层级上。另外，“三社联动”试点时间尚短，在各地做法不同、形式各异、变化多样，并未形成统一标准样式，更未抽象出一般性的规律或解决此类问题的经验理论，所以当前将其视为一种“模式”还为时尚早。但使用“三社联动机制”的说法，不仅恰好规避了实践中“模式”的解释限度，而且突出了备受争论的“三社”主体内涵、结构关系、运行规则的实质焦点，比较符合现实实践，这也是本研究倾向于“三社联动机制”这一提法的原因。

需要澄清的是，笔者并未完全否定概念更换式的创新，更不是说概念变化完全没有意义，毕竟学术研究是要面向未来的。但不同概念术语的说法和用法是有差异的，抛却其名带来概念体系的混乱不说，还是希望立足自身实际和尊重公众认知。如果现行“三社联动”的名词概念足够宽泛，内涵边界足够清晰，就尽量不要引入新的概念，更不要在原有概念基础上打“擦边球”，提出如“四社”“五社”或“六社”联动的名词，更何况有些“社”基本是“换汤不换药”，或者不在同一个概念层级，极容易引起更多的认识偏差和理解混乱。

在当前中国社会治理语境下，古今中外各种理论观点并行交错，介入的不同学科专业也都自有一套术语体系，而且社区建设本就经历了不同历史时期、多个发展阶段和多国发展理念，落到具体实践层面就会遭遇“概念丛林”。① 现如今呈现出一种名词概念漫天飞舞的状态，究其实际工作却是“旧酒装新瓶”，并没有多大实效。较为理想的状态是：基于实际谈问

① 任文启．社区治理抑或社区营造：“三社联动”的理论脉络与实践反思［J］．社会建设，2017（6）：26.

题、基于现状谈发展、基于实践谈概念，用最接地气、生动鲜活、易于理解的语言来反映客观生活，决不能盲目超前，让公众误解“三社联动”在中国已是一个成熟、定型的模式。

2.3.2 公共治理理论在“三社联动”机制中的应用

公共治理理论兴起于20世纪晚期，是在西方社会普遍面临福利国家财政危机、政府失灵、公民社会发育勃兴和众多社会组织迅速成长的背景下，政府公共管理和公共行政理论研究范式变革的产物，旨在探索政府对社会公共事务的新型管理模式。

尽管不同学科、学者或组织对“公共治理”有多重解读，但发展至今已形成一些基本共识，即认为公共治理的目标是最大限度地满足社会公共需求，增进公共利益，核心是通过合作、协商、伙伴关系、确定共同目标等途径，实现对公共事务的管理。基本观点有：①公共治理既包括政府机制，同时也包括各种非正式、非政府的机制，[①] 即是由包括政府、私人部门、社会组织、国际组织乃至公民个人在内的多元主体组成的公共行政机构体系，在充分挖掘政府以外各种管理工具潜力[②]的基础上，强调政府与社会的共同作用，重视社会各种组织之间的平等对话和系统合作。②公共治理的权力呈网络化分布，政府不再是唯一的主体和权力中心，更不能依靠政治权威对公共事务进行单一化管理，应依靠合作治理网络，以谈判为基础，建立在市场原则、公共利益和高度认同基础上，通过政府与其他社会不同主体间的对话、合作、协调、伙伴关系，确立认同和共同目标等方式实现对公共事务的管理。[③] ③公共治理的实现机制主要是依靠多元主体之间的信任、合作和互惠，而非依靠政府的权威进行规制。④公共治理的多元主体间具有很强的依赖性和互动性，这是因为参与公共事务治理的各个组织都无法拥有足够的知识、能力和资源来单独解决一切问题，他们必

---

① 罗西瑙．没有政府的治理［M］．南昌：江西人民出版社，2001：5.

② 胡正昌．公共治理理论及其政府治理模式的转变［J］．前沿，2008（5）：90.

③ 俞可平．全球治理引论［J］．马克思主义与现实，2002（1）：20-32.

须相互依赖，进行谈判和交易，在实现共同目标的互动过程中实现各自的目的。在这个互动过程中，政府虽不具有最高的绝对权威，但却扮演着“元治理”的角色，即承担着建立、指导社会组织行为方向和行为准则的重任。①

“三社联动”实践非常典型地运用并体现出公共治理理论的基本观点和原则。

第一，在社区治理和社区公共服务供给中，“三社联动”机制很好地将社会组织、社会工作专业人才队伍和社区居民等多元力量吸纳进来，充分发挥政府、市场、社会三大部门中各类组织的优势和潜能，通过平等、协商和互信等机制促使其形成合力，共同管理社区公共事务。这不但有利于破除传统社区管理体制中政府一家独大、社会力量薄弱甚至缺席的局面，更有助于把有限的基层治理资源整合起来，发挥最大功能的综合效应，凸显多元主体共同参与的权利和对多样化社区服务的关注，实现公共权力从政府向社区的回归，以及社区公共事务由行政力量的一元化管理或单一部门的碎片化管理向多元主体的合作共治与复合治理转变。

第二，“三社联动”机制通过培育和孵化社会组织，充分发挥其在社区公共服务领域的专业性和优势性作用，促使治理主体多元化、治理内容多样化、治理方式民主化、治理过程协作化的发展，有效弥补政府提供社区公共服务的短板，充分体现了多元主体对社区发展责任的分担、社区发展成果的共享，完全符合“共建、共治、共享社会治理新格局”的思路。

第三，“三社联动”不会自行联动，需要一个召集者和引导者，特别是在欠发达的民族地区，社会组织等社会力量主动参与社区治理的内生动力略有不足，仍然需要政府出面，适时进行宏观主导和强力推动，在试点初期更要扮演“三社联动”机制运行的规划者、组织者、监督者、经费提供者和政策制定者的重要角色。待“三社联动”发展有了一定基础，如孵化了一定数量的、相对独立的社会组织，以及培育了一批具有专业化、职

---

① 娄成武，谭羚雁．西方公共治理理论研究综述［J］．甘肃理论学刊，2012（2）：114-119.

业化色彩的社工服务机构和社工人才后，政府的角色要逐渐转变，可由服务的提供者转变为服务的管理者，由服务的生产者转变为服务的购买者，由服务的规划者转变为服务的审查者。

第四，“三社联动”机制运行中，既要强化政府的财力支持和主导推动作用，又要注重对社会组织和公众力量的扶持和放手。在具体的社区议题上，根据自身优势和职能边界发挥彼此的作用，履行好各自的职责，促使社区治理过程更加协调互动、包容开放、人人尽责、共建共享，从而在合作基础上实现系统最优化的社区发展目标。[①] 这与打造“党委领导、政府负责、社会协同、公众参与、法治保障”社会治理体制的政策精神高度吻合，也是“三社联动”机制运行重要的理论依据。

2.3.3 社会资本理论在“三社联动”机制中的应用

“社会资本”概念在 20 世纪 70 年代由皮埃尔·布迪厄提出，后经科尔曼和帕特南等的发展，形成了不同学科解释角度的社会资本理论，并被广泛应用于经济、社会、政治等现象的研究中。迄今为止，社会资本的概念、内容构成和可测量性还没有达成一致意见，在不同的学科领域有不同的内涵延展。

社会学视域下的社会资本理论研究，首推帕特南和林南两位学者的观点，他们认为合作、互惠和信任是社会资本理论的核心内容和基本要素，这为我国“三社联动”机制运行提供了理论支撑。美国政治社会学家帕特南是在与人力资本和物质资本的对比中来阐述社会资本的，他将其界定为“社会组织的特征，例如信任、规范和网络，他们能够通过推动协调和行动来提高社会效率，提高了投资于物质资本和人力资本的收益”。[②] 美国社会学家林南认为，社会资本是“嵌入于一种社会结构中的可以在有目

① 肖唐镖，谢菁．“三社联动”机制：理论基础与实践绩效——对我国城市社区建设一项经验的分析［J］．地方治理研究，2017（1）：40-50.

② 张文宏．社会资本：理论争辩和经验研究［J］．社会学研究，2003（4）：23-35.

的的行动中摄取或动员的资源”,[①] 每个行动者因其社会网络的不同，拥有的社会资本量也不同，当行动者希望提高目的性行动成功的可能性时，他们可以获取、动员和使用嵌入在社会网络中的资源，即社会资本。整体而言，社会资本是指蕴含在社会结构关系和社会关系网络中的信任、互惠规范以及合作参与等相关联的资源。[②]

社会学视域下的社会资本理论，是指社会内部的个人和组织在互惠规则规范下长期的内外互动中形成的互利关系，是一种“能够通过推动协调的行动来提高社会效率的信任、规范和网络”。[③] 特别是在社区社会资本研究的语境中，社会资本理论认为只有当社区内充满合作、互惠、团结、信任等公共精神，具有自觉主体意识、权利意识和参与意识以及由这些精神和意识催发起来的、独立自愿的社区自组织时，才能实现国家和社会的良性互动与合作。换言之，国家与社会的协作是互补和嵌入的结合，互补创造了国家与社会进行富有成效的互动基础，而嵌入则使两者通过合作实现双赢的潜能得以实现。[④] 这些观点与社区治理的本质之间有天然的契合性。

从实践角度而言，“三社联动”能否取得实效，前提是“三社”有没有联起来的现实可能，而信任、合作、互惠就是基础条件。“三社联动”实质上就是社区利益相关者之间通过沟通协商、互动合作、消除分歧、增进共识、共同解决社区问题的过程,[⑤] 也是“三社”主体资源互换、能力互补和关系嵌入的具体形式。在当前的社区治理中，不可能依靠单一组织来处理复杂多样的社区公共性棘手问题，社区利益相关者为了更好地满足各自的发展需要和利益诉求，都要尽责参与社区的共建共治。是不是所有

---

① ［美］林南．社会资本：关于社会结构与行动的理论［M］．上海：世纪出版集团，上海人民出版社，2005：28.

② 史斌，吴欣欣．社会资本在社区治理中的功能分析——以社区治理“失灵困境”现象为视角［J］．科学决策，2009（7）：83-88.

③ ［美］帕特南．使民主运转起来［M］．南昌：江西人民出版社，2001：192-195.

④ 艾伦·罗森布姆，孙迎春．公共服务中的政府、企业和社会三方合作［J］．国家行政学院学报，2004（5）：93-96.

⑤ 王梅．利益相关者逻辑下城市社区的治理结构［J］．北京行政学院学报，2008（2）：30-33.

的社区利益相关者都可以参与社区集体行动呢？“众人拾柴火焰高”，在某些特定社区公共问题的解决上并不必然奏效，而是需要在规范、互惠、信任和效率的基础上实现不同主体间的有效结合和资源合理配置。

第一，社区、社会组织和社会工作专业人才在各自活动领域和宏观目标①的追求上是基本趋同的。“三社联动”是在寻求共同目标和最大共识基础上的协作互动，各主体既关注自身微观行动目标的实现，更注重宏观共同目标和利益共识的达成，看重协作与合作的意义是“三社联动”得以成功的基础。②“公共性”价值追求和建设居民为本的生活共同体目标，使“三社”主体合作有了先天可能性。

第二，在具体的社区议题上，任何组织或个人都不可能通过社区或他们自身努力来获得所有需要的资源要素，其本身是存在知识性漏洞、技能性缺陷和资源性短缺的。因此，必须求助其他组织以获得额外的要素。③为了弥补资源短板以解决共同的问题，必然促使利益相关者采取自愿行动，寻求合作，并进行资源交换来达成组织目标。合作组织彼此间的优势互补逐渐形成了资源依赖，在服务供给过程中发生组织交换和职责任务分工，久而久之，也确保了资源供应的可持续，从而使主体间嵌入型互动和信任关系的形成具备了现实条件。

第三，行动目标一致并不代表利益相关者就必然能够联在一起，还需要有平等互补的基础、互惠共赢的条件和信任合作的保障。尽管组织间的资源依赖要求决定了彼此要进行协作式的组织交换，④ 但要维持长久合作的互动关系，还需关注利益相关者社会资本的增长和均衡占有。如果“三社”主体的力量关系配置不均衡、利益分配设计不平衡，即使初期实现联

---

① 实际上，每个主体或组织也有自己独特的目标、需要和诉求，联动的动机也可能不一样，但公共性的宏观目标和价值追求是基本一致的，这由主体组织的客观属性所决定。

② 王思斌．“三社联动”的逻辑与类型［J］．中国社会工作，2016（4）：61.

③ Levine E，White P E. Exchange as a conceptual framework for the study of Inter-organizational relationships［J］. Administrative Science Quarterly，1961（4）：583-601.

④ Mary. E. Guy，Marilyn M，Rubin. Public administration evolving：from foundations to the future［M］. New York and London：Routledge Publish Press，2015：90.

动，后续也不会持久。因此，“三社联动”的运行机理，就是要建立均衡的系统内外部关系，积极培育社区社会资本，促成利益相关者在共同价值基础上通过协同性的集体行动实现社区共同利益的最大化。

社会资本理论在“三社联动”机制应用中的启示是：政府除了要在基层社区治理上尽可能地放权和赋权，向社会力量让渡发展的空间和资源，强化社区自我发展的能力，还需本着利益互惠、彼此信任的原则，充分整合、盘活和利用社区资产，尽可能发挥社会组织、专业社工服务机构和社会工作专业人才队伍的社会资本优势及网络影响，促使其在社区公共问题上有平等协商的“话语权”，建立信任、支持、共享的规范性关系，实现互惠互利、各取所需的协同式发展，进而实现有效的“三社联动”和较高的社区治理绩效。

3 民族地区“三社联动”机制运行环境分析

任何事物的存在和发展都离不开特定的环境、条件。环境的复杂多变，使事物的发展过程充满了“变数”和特色，不同环境、条件下的“三社联动”形式决不会千篇一律，更不可能一成不变。在民族地区异质性较强的社区治理场域中，“三社联动”机制运行势必有其特殊性。因此，有必要基于内部和外部视角来探讨民族地区城市社区治理环境的特点，以便从宏观、中观和微观三个层面把握“三社联动”机制的运行全貌。

3.1 民族地区“三社联动”的外部环境

3.1.1 基础环境条件的特殊性

与发达的非民族地区相比，地理区位、经济发展水平、民族结构、社会文化的差异性，决定了民族地区社区治理环境的鲜明特色。即使民族地区内部不同地域间的社区环境条件略有差异，但基础性要素和总体性特点是趋同的。

1. 区位条件局限

中国民族地区主要是指位于西部地区的八个民族省区，即内蒙古、宁夏、新疆、西藏、广西 5 个少数民族自治区和青海、云南、贵州 3 个少数民族人口较为聚集的省份。这些民族地区自北以西至南依次与俄罗斯、蒙古国、哈萨克斯坦等14个国家接壤，既是多民族聚居的区域，又属内陆边疆地区，疆域辽阔，物产资源丰富，地形地质结构复杂，主要以高原、山地和牧区为主，交通闭塞，地广人稀。民族八省区的地理面积占到了全国地理总面积的58%左右，而人口约占到了全国总人口的14%,① 人口居住分散，基层社会治理的成本和难度相对较大。

2. 经济基础薄弱

我国民族地区多处于自然条件恶劣的西南和西北地区，居民的生产和生活方式很大程度上还具有较强的自然依赖性，加之经济发展起点低、基础薄、市场开发条件相对较差，自身发展能力受限，经济社会发展水平同我国东部地区相比还存在较大差距，是我国经济欠发达、需要重点保护和开发的地区。如从地区生产总值、人均GDP、城镇化率等经济发展指标对应比较，2017年，东部地区分别是西部地区的2.6倍、1.9倍和1.3倍，西部地区是全国平均水平的20%、76.3%和88.2%（见表3-1）。

表3-1　2017年中国四大区域经济发展指标及数值

项目	地区生产总值（亿元）	人均GDP（元）	城镇化率（%）
全国	827122	59660	58.52
东部	449681	84595	67.0
中部	179421	48747	54.3
西部	170955	45552	51.6
东北部	55431	50890	62.0

资料来源：国家统计局．改革开放四十年来区域发展报告——东中西部发展差距小了［N］．人民日报海外版，2018-09-19（11）．

3. 民族关系复杂

民族地区是少数民族人口的聚居地，全国55个少数民族中有50个集中分布在西部地区，人口分布呈现出大杂居、小聚居、交错杂居的特点。

① 司晋丽．对少数民族八省区政策倾斜要更多些［N］．人民政协报，2014-06-24(002).

随着工业化和城市化进程的加快推进，少数民族人口流动加速，正逐步向较发达的城市社区扩散，居住分布范围越来越广，城市社区居民的民族多元化现象日益显著。城市民族结构的复杂化、民族关系的敏感化和文化融合的冲突化，导致少数民族群体在城市适应过程中的社会排斥和民族矛盾越来越尖锐。另外，民族地区的人口密度普遍偏低，差异较大，公共服务能力的不平衡问题突出。例如，我国民族自治地方的人口密度平均为24人/平方千米，是全国人口密度的1/5；2018年，民族地区中贵州的人口密度最高，达到200人/平方千米，广西为190人/平方千米，内蒙古为20人/平方千米，西藏仅为2.1人/平方千米。① 这样稀疏的人口分布，导致民族地区基本公共服务的半径太大，基层社会治理权力延伸太广，解决服务少数民族群众“最后一公里”便捷性问题的成本很高。特别是当前边疆地区民族关系和社会关系呈现出复杂、多变、紧急、突发的特点，政府对基层社会管理的难度增大，民族地区城市社区的社会整合任务和民族团结工作更为繁重和重要。

4. 多元文化并存

西部民族地区是我国少数民族世代生活的主要聚居区，在悠久的历史长河中创造并形成了包括语言、自然崇拜、神话传说、宗教信仰、歌谣、舞蹈、服饰、建筑、礼仪习俗以及生存理念、生活生产方式等在内的民族文化，可谓是悠久的历史和各民族优秀传统文化造就的多种文化模式的并存。② 各民族文化和宗教信仰一定程度上为各民族群众提供了社会规范和价值体系的神圣解释，甚至成为人们形塑自己思想和行为以及评判他人行为的标准，在私人空间和公共领域发挥着重要影响。随着城镇化步伐的加快，不同民族群体间的交往日渐频繁，不同民族的习俗、传统和信仰等复杂多元的文化价值观相互碰撞，快速的现代化和信息化还造成了民族文化失落和民族关系冲突，致使人际关系发生异化和产生一系列的社会问题。

---

① 资料来源：笔者根据住建部2018年公布的《中国城市建设统计年鉴》整理计算而得。

② 张芳，张鲁宁．西部民族地区城市社区文化建设研究现状与实践价值［J］．决策探索，2019（2）：81-82.

加之民族社区的形成历史和过程不同，民众治理能力参差不齐，也给城市多民族社区的社区文化意识整合和社会矛盾调解带来了很大困扰。

5. 国家特殊照顾

长期以来，基于地缘、多宗教、多民族、多文化等诸多特殊性，民族地区是我国国家治理的重中之重，因此在政治、经济、社会和文化等各领域得到国家给予的特殊照顾，有力提升了民族地区基层社会治理能力，这是非民族地区不可比拟的制度优势。例如，民族地区严格实行《民族区域自治法》，实施民族区域自治制度，坚持民族平等、团结发展方针，切实保护各民族平等参与国家事务管理的合法权利；中央政府通过财政扶持和政策优惠等措施，促进民族地区经济发展，加强少数民族地区基础设施建设，帮助民族地区贫困群体脱贫，积极推动教育、人口、卫生、文化和社保等民生事业向好、向快发展；国家有针对性地对民族地区实施西部大开发和精准扶贫等战略倾斜，兴边富民、重点扶持、税收优惠等政策也为民族地区发展提供了良好的环境条件，极大提高民族地区基本公共服务水平，较快建立健全民族地区民生保障体系，依法保护民族地区各民族群众的正当权益，为基层社会治理的有序进行奠定了良好的社会基础。

3.1.2 特殊环境下“三社联动”机制建设的挑战

正是由于外部环境的特殊影响，民族地区城市社区治理具有自身鲜明的特色并面临非常规的挑战，这也是“三社联动”机制建设绕不开且要纳入考量的重要因素。

1. 城市社区治理需要回应的居民需求更复杂

在目前社会主要矛盾发生变化的情况下，民族地区经济发展不充分和不平衡的问题异常突出。居民生活质量不高和社会保障水平不足依然是民族地区基层社会治理面临的主要难点，也是居民需求最旺盛和最需要发展的领域。与此同时，随着现代社会发展速度和城市化进程的不断加快，社会生活越来越丰富多样，各民族群众对基本公共服务和社会福利保障有了更大需求、更多期待，社区居民利益诉求也更加直接、更加务实，居民自我意识不断提高后对参与社区公共事务管理有了更浓厚的兴趣、更积极的意愿。目前，在各民族文化交融共存和利益相互交织的城市基层社区，需要协调的主体关系更多元、更复杂，需要回应的居民需求已经从简单的经济需求延伸到广泛的社会安全、精神文化、社会交往、生活环境、社会参与等领域，并呈现出多样、快速、多层次、高水平的特点。这给民族地区城市社区治理带来了更大挑战，推进社区善治的工作更多、责任更重、难度更大。

2. 城市社区治理主体结构的差异化更大

随着城市化、住房商品化和城中村改造进程的交错推进，社会空间结构发生急剧变化。外来人口移民和流动人口骤增，给民族地区城市社区中的居民个体、组织等带来资源和制度性变迁，特别是因居住形态变动而形成了社区类型的多样化和社区治理主体结构的差异化，① 民族地区基层社会治理的地域性特色显著。例如，民族地区城市社区至少包括传统的多民族聚居社区、城市新型商业社区、撤村建居社区、回迁安置社区等多种类型，而且不同社区类型中的社区治理主体多元，结构关系复杂，除街道办事处、社区党组织、社区居委会、社区工作站（或社区服务中心）等主体外，还有业主委员会、物业公司、辖区单位、社区社会组织等新型主体，与社区居民日常生活和社区公共事务联系越来越紧密，关系互动和资源交换越来越频繁，体现出在“国家与社会”治理场域中越来越重要的位置关系。社区类型的多样化和治理主体性质、功能的差异化，给基层社区整合带来了一系列难题。

3. 城市社区治理的成本更高

在中国经济社会领域发生转型变革的大背景下，城市社区日益成为各民族群众利益诉求的交汇点和社会矛盾的聚焦点，民族地区用于保障边疆

---

① 郎晓波．“三社联动”推进社会建设——来自浙江江干区的经验［J］．浙江学刊，2013（6）：67.

安全和社会稳定的基层社会治理成本更高。首先，民族地区城市社区的规模和数量相比发达地区要小很多，但人口流动逐渐频繁，民族人口分布广泛，社区类型包罗万象，点多面广，社区形成历史复杂，加上宗教信仰和文化多元等因素交织，基层社区治理在预防民族宗教关系冲突事件上需要投入更多的资源和精力。其次，相比于人口密度高的发达城市，民族地区城市社区公共基础设施辐射面积较小，但管理和服务的半径却很大，很难充分发挥公共服务供给的规模效应和集聚效应。加之各民族文化、语言、习俗和生活习惯的不同，在公共服务供给过程中，对服务提供主体的综合能力和素质要求较高。对社会工作专业人才队伍的综合素质要求基本是全方位的，如内蒙古自治区社区工作人员须精通蒙古语和汉语、熟知少数民族文化禁忌和少数民族文字等，这给基层社区服务工作带来很大的压力，陡增了社区服务供给的人均成本。最后，民族地区基层社区治理需求升级与相关制度供给跟不上、居民自治能力有限、治理资源相对匮乏的矛盾依然存在，社区财力、人力等资源不足是服务社区居民“最后一公里”的最大“痛点”。

4. 城市社区治理的不充分和不平衡问题严重

民族地区城市社区治理的不充分和不平衡，是经济和社会、历史和现实等多因素综合影响的结果。“不充分”体现在民族地区城市社区建设时间短、现代化程度不高、经济发展滞后、传统老旧小区多、居民参与积极性偏低等方面，处于一种先天条件不足、后天发展不良的状态；“不平衡”表现在与发达地区相比社区发展差距大，民族地区内部各城市间的社区发展程度失衡，以及城市内的核心区域社区好于城市边缘社区等状况。另外，社会组织和社会工作发展的不平衡现象也很突出，如民族地区基层社会组织发育不健全且数量较少，专业社会工作者缺乏，居民自治能力偏低，政府管理社区长期“一家独大”且重管理、轻服务，社区管理部门的工作缺乏系统性、协调性、联动性，“三社联动”还停留在由认识向试点实践过渡的初级阶段。以上种种现象和问题的产生，既是民族地区基础环境条件影响下城市社区治理的落后表征，又是民族社区历史延续性发展和出于政治意义考量后的现实表现。特别是从地缘战略意义角度看，民族地区在边疆安全和社会稳定方面的政治任务十分艰巨，基层社会治理压力要远大于其他非民族地区，因此出现了对基层社会组织“不敢放”、对基层社区自治活动“不敢为”、对宗教民族关系处理“谨慎为”等局面，这也是导致城市社区治理不充分和不平衡的一个重要原因。但政治稳定和民族团结是大方向和大国策，所以民族地区城市社区“三社联动”机制建设一定要凸显“党委领导、政府负责”的理念和原则。

3.2 民族地区“三社联动”的内部环境

3.2.1 民族地区“三社联动”的主体及特点

城市社区“三社联动”是一个系统工程，涉及各方面内容和环节，参与主体之间的关系错综复杂，既包括地区层面的政府管理机构和派出机构，又包括社区层面的居民委员会、社会组织和社会工作者。这些多层次、多向度的主体网络体系和结构关系构成了城市社区“三社联动”机制运行最基本的内部环境。

1. 基层政府

这里的基层政府专指市级或区级政府中的社区管理职能部门及其派出机构（如街道党工委、街道办事处）。在中国现行的行政管理层级中，街道是城市最基层的一个层级，是中央集权型体制下国家权力自上而下延伸的载体，在基层社会管理和社会服务中扮演着至关重要的角色。街道办事处（以下简称“街道办”）对上承担着上级政策和规划的具体落实职责，对下承担着辖区内经济发展和社会稳定的直接责任，与社区关联紧密。特别是民政、教育、文化、卫生、社保、维稳等不同部门的公共服务职能均需要由街道办直接面向居民落实，这种压力型体制导致责任向社区自治体转嫁，以缓解基层政府负担。[①]

随着“单位制”解体和“街居制”式微，作为单一管理主体的政府业已在新型社区治理情境下出现责任缺位、越位和错位等诸多问题，传统的“强政府、弱社会”下政府全能型管理方式已不合时宜。为了适应社会管理职能向基层社区下沉的需要，社区承担了过去由政府和单位负责管理和服务的大量工作，但限于制度惯性和路径依赖的影响，基层政府一直是社区建设中最重要和最强势的主体，长期肩负着社区发展政策制定者、社区事务规制者、社区公共产品提供者、管理者和监督者等责任和角色，特别是在城市社区发展的政策法规制定、基础设施建设、管理机构设置和社区事务资金支持等方面发挥着不可替代的作用。另外，在民族地区城市社区治理中，曾经很长时间都依赖于党政系统向基层社区延伸，并通过政府行政资源的直接输入和党政组织的延伸性管理等方式直指群众个体，强调运用政府决策和行政手段来推行社区治理政策，这是民族地区城市社区自治条件尚不成熟情况下的较优选择，也是应对民族地区复杂民族冲突和反分裂斗争的必要举措，在“三社联动”机制建设初期不可弱化党政组织的核心作用。

党委和政府在社区治理结构中的强势化、行政化特点异常突出，与民族地区基础环境的特殊性密切相关，也是长期推行“稳定导向型”社区管理模式的必然结果，而且在当前国际国内涉稳形势的交互影响下，继续强化党委领导、政府主导和法制保障是民族地区基层社区治理不可逆的趋势。由此可见，民族地区城市社区“三社联动”机制运行与其他非民族地区最大的区别，就是基层党政机构在社区治理主体结构中角色扮演和承担职责的不同，其中不单是介入社区治理的权力大小不同，更涉及权力结构和作用领域的差别。

2. 居民委员会

从法律意义上讲，居民委员会（以下简称“居委会”）是“自我管

① 江治强．“三社联动”驱动社会治理创新［J］．社会治理，2016（3）：62-70.

理、自我教育、自我服务的基层群众性自治组织”①，“政府对居委会的工作给予指导、支持和帮助，居委会协助政府或其他的派出机关开展工作”。这说明居民委员会不是一级政权组织或行政组织，它是具有一套组织系统的群众性自治组织，是我国城市居民在本居住地域内自我管理、自我教育、自我服务的组织。在早期的社区治理实践中，居委会的职能泛化，事实上从具体社区行政事务的管理者和执行者演变为政府在社区事务管理中的“代理人”，特别是居委会的资金运作和人事安排基本都依附于政府，从而丧失了社区自治的经济基础，使得社区居委会在社区活动中缺乏独立性和创造性，自觉或不自觉地成为行政系统的附庸，② 成了街道办下属的一级行政机构，歪曲了社区居委会的本质和职能。

随着社区治理主体多元化和居民自主意识的增强，业主委员会和物业公司等组织逐渐在社区事务中扮演重要的角色，居委会也不再是唯一的社区管理者，甚至在政务服务中心和社区服务中心出现后有被边缘化的趋势，社区资源整合和主体协调难度较大。但在民族地区城市社区中，居委会仍是重要的管理主体，行政化特点依然明显，主要体现在：

（1）职能行政化

在城市社区管理体制改革中，“管理重心下移”“权力下放”“费随事转”等原则的提出，使大量行政事务和社区管理任务被转移至社区居委会，其虽是社区居民群众自治组织，但却承担着由政府职能部门交办或街道办事处下派的行政事务。

（2）权力行使行政化

城市基层政府职能部门掌握着大部分资源和权力，基于自身经济理性与工作便利出发，自上而下地在社区建立起排他性的行政系统，造成一些本应由社区居委会自主决定的事务必须得到基层政府的批准与认可，使居

① 《中华人民共和国城市居民委员会组织法》第二条规定“居民委员会是自我管理、自我教育、自我服务的基层群众性自治组织”，明确了城市居民委员会的性质。

② 周全德，魏晶平．欠发达地区城市社区建设中存在的问题及治理对策［J］．科学经济社会，2004（2）：98.

委会名正言顺地成为基层政府权力的执行者。

（3）管理机制行政化

居委会的相对独立性较弱，仍然习惯运用行政化手段来安排社区自治的各项事务，运用行政命令和政治动员等手段、采取“运动化”方式管理社区的各项活动。可以说，民族地区多数城市社区居委会仍然是政府行使行政管理权的末梢，承担着基层政府职能部门交办的各种事务性工作。社区党组织、社区居委会成为政府在基层的“腿”，社区被行政化，造成形式上的社区自治被事实上的行政吸纳所替代。

3. 社会组织

随着社会结构快速分化和社会流动性不断增强，以提高社会治理水平为目的，民族地区有意识地开始培育和壮大社会组织。重点涉及民族教育、扶贫、妇女儿童权益维护、生态环境保护、农村发展、救灾、法律援助、宗教事务等领域，孵化了一大批专业社会服务机构，扶持社区社会组织成长，有效整合了民族地区社会闲散资源，极大改善了民族地区社会治理结构，在促进基层社区治理能力提升方面发挥了不可替代的作用。但与发达地区社会组织发展境遇相比，还有一些瓶颈需要突破。例如，民族地区各级政府对社会组织建立的法律规制和管控更为严格，所有的社会组织都需要有主管部门[①]才被允许注册登记，而且严格控制社会组织管理权限和涉及范围，民间的草根组织发展空间相当有限；多数社会组织由政府部门或事业单位“脱胎”而来，官办背景和行政色彩浓厚，真正有持续动力、活力和能力的草根社会组织数量严重不足；社会组织的自治能力偏弱，发育程度和社会服务专业能力相对偏低等问题突出；社区社会组织数量偏少且发展起点低，内部管理不规范，规模有限，还没有形成社区服务组织的网络化、系统化和特色化，甚至有些地区还没有社会组织。

以上民族地区社会组织发展的困境，除了法律规范不健全、发展起步晚和依赖政府严重等原因外，更多的是受到民族地区特殊环境和民族宗教

① 社会组织的注册部门一般为民政部门和工商部门。

文化影响，抑制了社会组织参与基层社会治理的空间。民族地区社会组织产生和发挥作用的空间，主要是在一些涉及民族地区社会成员公共利益的社会性事务范围，但很多民族地区社会公共事务是与民族关系、民族文化和区域环境密切相关的，甚至还掺杂一些宗教信仰、边疆安全、民族利益等因素，呈现出典型的民族性特点。基层政府对社会组织的认识与关系处理上，还受到传统管理体制影响和现实稳定需要的约束，很多社会组织开展活动必须在政府鼓励和支持下才能进行，参与基层社区治理很大程度上是一种变相的政府职能履行。尽管社会组织具有向社区居民提供服务的内在“冲动”，但还是无法摆脱对政府资源的长期依赖和对行政体制的高度依附，社会组织发展及其功能的发挥尚未达到应然状态。

不容忽视是，民族地区基层社会治理中的社会组织，不仅包括在政府部门登记注册的各类社会组织，而且还包括少数民族传统习惯上的社会组织。如“家支”①“理老制”“鼓社制”“寨老制”“议榔制”② 等习惯法组织，以及带有宗教信仰性质的群众自治组织，其在基层社会治理中也发挥着重要且独特的作用。简言之，民族地区社会组织发展具有明显的地域、民族和宗教文化等特点，要根据不同民族地区特色来有针对性地承认、扶持和发展本土化社会组织。

4. 社会工作专业人才

社会工作属于舶来品，本质上是一种科学的助人服务活动③，具有较强的助人性、专业性和实践性等特点，用来协助人们预防和解决社会问

① “家支”即家族支系，是凉山彝族社会组织形式，它是以父系为中心，以血缘关系为纽带结合而成的社会集团。每个家支都有父子连名制谱系，家支成员都要严格遵守家支组织和制度；每个家支虽然都有固定的居住区域，但是没有明显的家支居住界线，各个家支之间交错杂居；家支内部成员有互相帮助和保护的义务等。“家支”涉及家支成员政治、经济和日常生活各个领域，是彝族生命财产安全的保障，是家支成员相互帮助的组织。详见蔡富莲，米伍．当代凉山彝族血缘家支、传统习惯法研究［M］. 北京：民族出版社，2014.

② “理老制”“鼓社制”“寨老制”“议榔制”是苗族地区社会组织，是以血缘为纽带，以祭祀共同祖先为载体平台，逐渐形成的自我管理、自我服务为表征的社会组织形式，在调解族民纠纷、维护族群稳定和传承民族文化方面有着重要的作用。详见袁志丽．浅谈近代苗族的社会组织及其职能特点［J］. 黑龙江民族丛刊，2016（2）：113-117.

③ 王思斌．社会工作概论［M］. 北京：高等教育出版社，1999：13.

题，帮助人们回复和增强社会生活功能。[1] 以此方法服务于特定人群的专业人员被称为社会工作者，是“三社联动”机制运行中的重要主体之一。但专业社会工作在我国发展速度缓慢，正如部分学者所言“在社会问题复杂化，维持社会稳定成为重要任务的情况下，政府更不易向专业社会工作提供让渡性空间。专业社会工作还没有获得相对独立的社会服务空间，没有获得应有的社会服务实践权，也缺乏处理重大问题的能力，从而难以显身手、露头角”。[2] 具体到民族地区社会工作，严重的发展困境表现在：建设起步晚，基础弱，开展时间相对不长，社会组织发育迟缓和专业社工人才缺乏，介入社区服务的程度有限，少数民族群众对其认知度和认可度偏低等。学界对社会工作者的理解或认识也不尽一致，有的认为社区工作人员就是社会工作者，有的认为义工（志愿者）才是专业的社会工作者，还有的认为只有考取社会工作者资格证的大学生才是真正意义上的社会工作者等。在现实社区建设实践中，上述提到的人员均参与其中，但在工作思路和工作方法的运用上差别较大，给社会工作者的实务边界界定造成困难。例如，传统社区工作者常使用政治手段和行政手段来处理社区事务；而专业社会工作者通常采用特定的专业价值理念和科学的助人方法；义工（志愿者）则是本着社会责任和公益服务的心态，自愿贡献自己的时间、精力和技能，无偿参与到社区服务中。

随着社会转型速度加快，民族社会工作有了长足发展，但民族地区大量的社区服务或社区管理工作仍是沿袭传统的政府主导模式，社工服务机构多是提供一些简单的、普遍性需求服务，社工专业性等“质”的体现不太明显。目前，民族社会工作或民族地区社会工作者主要是依托社会组织来介入社区服务并发挥功能的，社会组织已成为社会工作的组织基础、合作伙伴、发展平台和发送体系。主要表现为三种方式：一是通过“嵌入”方式，即通过设置公益岗位将社会工作嵌入现有的社会管理和社会服务体

---

① 文军. 迈向职业化时代的中国社会工作［J］. 社会观察，2008（7）：16-19.

② 王思斌，阮曾媛琪. 和谐社会建设背景下中国社会工作的发展［J］. 中国社会科学，2009（5）：128-140.

系中；二是通过“渗透”方式，即将社会工作人才逐步渗透到社区实际工作岗位和职务中，带动了社区工作的创新；三是通过“新生式”方式，即通过培育和孵化新型的社会服务组织，以政府购买服务方式推动职业社会工作者在社会组织中成长的模式推进社会工作。

总体而言，民族地区开展社会工作服务的理论体系还没有建构完整，或者说还不成熟，实践中还处于政府主导推动和扶持发展阶段，特别是政府用政治和行政手段去处理相关社会问题的本土社会工作在一些地方还占主导地位，显示出较强的路径依赖，① 专业社会工作被本土社会工作同化的风险较大。

5. 社区居民

社区居民是“三社联动”服务的对象，也是参与其中的重要主体之一。这是因为，社区居民参与社区事务是“三社联动”的出发点和落脚点，如果缺少了居民参与或是参与不足，“三社联动”就缺乏开展起来的基础。居民作为社区的主体，最基本的参与形式就是通过参加社区社会组织来参与社区活动或社区服务，或是作为单独主体直接“对话”居委会，反馈社区问题或个人意见。只有社区居民关心社区事务，愿意为社区发展进言、献策和出力，才能汇集公共需求，形成社区公共议题，居民委员会才能启动民主协商程序，共同研究社区公共事务的解决方式。

目前在民族地区城市社区事务管理中，除了民族聚居集中的社区居民参与热情较高外，其他类型社区的居民利益诉求差异性越来越大，人际关系疏离感越发强烈，社区公共事务成了居民有利就趋之若鹜、无利就置之不理的“鸡肋”，当对个人无利可图时就“高高挂起”，利益受损时就采用抱怨、抵制、对抗等不参与、不配合的极端手段……这种彼此缺少互动理解、信任、利他意识的局面，导致社区内资源的组织动员和非正式网络联结较难实现，造成很多社区公共问题处于被“搁置”或不了了之的状

① 吕青. 创新社会管理的“三社联动”路径探析［J］. 华东理工大学学报（社会科学版），2012（6）：7-12.

态，居民对社区的认同感和归属感降低。另外，随着人口流动性和居民个体意识不断增强，居民社区参与程度越来越低，居民自我约束、自我组织、自我管理、自我服务的意愿和能力呈递减之势，从而也影响了社区社会组织、社会工作良好发展环境的形成。社区共同体意识淡薄可能是全国社区发展的共性问题，但在民族地区呈现的特例是：基于宗族伦理和民族情怀关系的城中村回迁社区和民族社区的社区共同体意识还是较为浓厚的，这对于“三社联动”机制的运行非常有利。

3.2.2 民族地区“三社联动”的内容及特点

民族地区基层社区治理环境和社区居民需求的民族性、多样性和复杂性，决定了“三社联动”要解决社区议题内容的本土性和特殊性。

首先，基于相同的自然地理条件和生计环境，民族地区社区居民的需求既有相似的普遍性，又有显著的民族差异性。民族地区社区治理内容既有共通性和基础性的社区事务，如教育、就业、分配、社保、矛盾化解，又有针对少数民族群体需求的特定性社区事务，如宗教信仰、民族关系、反恐维稳和边疆安全等内容。特别是随着经济社会的快速发展，城市多民族社区的居民对社区服务供给的内容、数量和质量等方面有更高要求，但当前社区服务内容更多还是停留在与少数民族群众日常生活联系最紧密的物质层面，对其精神层面需求如民族宗教信仰、民族文化活动、社会参与等方面则是由相应的政府管理部门专门督办。

其次，民族地区社区治理内容与民族关系、宗教问题相互交织，处理起来涉及的主体关系众多，甚至有些问题的敏感性和重要性已超出本地区政府可掌控的范围。例如，在社会矛盾化解方面，本民族纠纷的参与程度和解决方式是否需要借助民族社会组织之外的力量，以及国家纠纷解决方式对本地、本民族传统习惯的尊重和吸纳程度，关系到民族关系和谐和少数民族群众的国家认同感；① 在本地居民和外来流动人口的管理方面，涉

① 王允武，王杰．国家治理现代化背景下的民族自治地方社会治理［J］．民族学刊，2015（1）：62-70.

及少数民族群众与汉族之间、少数民族群众之间的关系、文化冲突和宗教事务问题，还有诸如生态环境问题带来的利益冲突等，这些绝不是“三社”主体完全有能力解决的。

最后，民族地区城市社区治理内容的特殊性并不完全挤压“三社联动”活动空间。尽管在一些涉及民族关系、矛盾纠纷等社区事务方面需要党委政府等行政力量的强力干预，但很多与居民日常生活和切身利益密切相关的“微事务”，如劳动就业、卫生计生、扶危济困、流动人口管理、文化教育、民生社保等，还是需要“三社联动”深度介入并提供专业性服务。换言之，在基本民生服务和社区公共事业服务的提供中，社会组织和社会工作者等社会力量可以与政府密切配合、联动服务，但在特殊性或敏感性较强的社区治理内容上，党政力量对基层社区自治力量的结构性替代在民族地区必须予以客观承认和遵循。

3.2.3 民族地区“三社联动”的方式及特点

民族地区基层社会治理方式的选择，与国家对民族关系和边疆安全的总体认识有关联，同时也与少数民族的各项政策和国家对民族自治地方的控制程度密切相关。鉴于民族地区社会问题的多变性、突发性和复杂性，以及少数民族群众对民生保障和公共服务日益增长的需求，民族地区基层社会治理既要实现社会治理能力和治理体系的现代化，又要保证国家民族宗教政策执行的不变形、不走样，更要确保各民族群众可接受和可获得，这就给基层社会治理主体带来了极大的挑战。尽管政府一直提倡采用道德、行政、法律、教育引导、管理服务等相结合的方式来开展社会治理，但在稳定压倒一切的前提下，民族地区基层社会治理多是习惯于行政主导方式，社区网格化管理模式就是一个很好的例证。甚至在一些边远民族社区还存在“防”“管”“卡”“压”的旧套路和“围”“追”“堵”“截”的老方法，重社区管控、轻社区服务，重行政干预、轻社会参与，重按部就班、轻方式创新。民族地区基层政府部门中的一些干部内心还抱有“不出事”是底线、红线、高压线的想法，认为“硬管理才有保障，软管理怕出问题”，对社区事务管理心存“多一事不如少一事”的看法和做法……推崇单向度的自上而下管理，忽视自下而上的公众多维度参与，导致行政力量过多干预社区事务，社区居民自主性较弱，社区动员能力不足，基层群众参与社区治理的空间进一步受到压缩，参与积极性受到打击。

可喜的是，国家提出“加强社会治理创新，推进社会治理体系现代化”的方略后，民族地区逐步加快社会组织和社会工作专业人才队伍建设。加强管理和推动专业社会组织介入灾难救援、疑难信访案件调解、民族和宗教事务等多个领域，加强培育和发展民族社会工作帮助困难人群、宗教人士、少数民族群体和特殊边缘人群，特别是在重建社会信任、社会认同和社会秩序领域，发挥着不可替代的专业作用，不得不说这是民族地区特色社会建设的一大进步。

另外，对少数民族地区采取更为严格的管控基层社会治理的策略也是情势所迫。诸如新疆和西藏两大具有特殊地理区位和政治意义的少数民族自治区，由于民族分裂势力的长期存在，维护民族团结、社会稳定和国家统一是根本任务，所以在基层社会治理方式上要更加重视党委领导、政府管理和法治保障，同时还要极大程度地运用党的教育引导、民族习俗、宗教习惯和村规民约等方式，规范约束群众的言论行为。

综上，民族地区城市社区“三社联动”机制的运行是多元行动主体在共同价值基础上协同行动的过程。受到治理主体的行动能力、资源禀赋、结构位置、主体意识等多种内在主观因素的影响，以及受到环境条件、制度政策、民族文化、治理模式等外在客观因素的制约，社区治理内容、方式和实践模式呈现出不同的特点和表现，但联动主体之间的信任、合作、协商和互惠关系建构是行动达成的内在逻辑，这对不同地区的“三社联动”实践普遍适用。

3.3 民族地区“三社联动”的生成机理

3.3.1 内生动力：社区居民需求和利益诉求的满足

“三社联动”在民族地区生发的内外部环境特点，体现出其运行情境的不确定性、复杂性和地域特殊性。但具体如何运行，“三社联动”可能和可为的发生学机制是什么，这是关系到其能否持续“火”下去的重要问题。只有将“三社联动”放置在基层社会治理的特定场域中，从主体视角来找准“三社”的结构性位置和动力机制，才能更好地展现其内在的生命力和运行轨迹。

社区层面上的居委会、社会组织和社会工作者三方互补关系的建构、资源整合、功能互补，是“三社联动”能够“联”起来的基础，但要真正持续地“动”起来，还离不开“三社”内生动力和外在推力的共同作用。其中，内在动力是“三社联动”机制生成的关键，但在城市社区治理的具体情境下，联动主体具有不同的目标取向、角色划分、行为逻辑和影响因素，其在具体议题上的行动策略和态度具有较大的差异性和倾向性，并对“三社联动”实践产生不同程度的影响。从“三社联动”的起因和初衷来看，追求社区公共需求和利益诉求的最大程度满足则是“三社联动”的内在动力，否则其在社区生发的土壤基础就不复存在，而且在满足社区居民公共需求过程中，“三社”主体可以从不同角度来实现自身存在的价值和活动目标。换言之，社区居民需求是“三社联动”的起始点，满足各族人民群众的利益需求是基层社区治理主体联动的本质追求。

首先，社区居委会作为群众自治性组织，其成立的初衷就是要实现居民“自我管理、自我教育、自我服务”的目标，参与联动的初心就是要基于社区公共利益的实现和公共需求的满足，在社区共同价值观的引导下不断产生自我管理与自我服务的潜在动力。只是随着城市化进程加快、人口流动加速和社会结构调整，社区居民服务需求差异化、多元化和层次化特点越来越明显，单一、封闭的政府主导供给型模式已远不能满足社区居民的现实需求，街道办和居委会服务居民出现资源不足、专业化程度不够等“心有余而力不足”的情况，于是才寻求与其他社会主体的合作，实现资源互补，以便更好地促进社区的共建共治。

其次，社会组织参与联动的内在动力，根本上是政府让渡发展空间、专门孵化培育的结果。社会组织在政府支持下承接了政府转移的社会服务职能，成为广大群众有序表达诉求和自我管理、自我服务的载体，以补充社区公共服务供给的不足，化解社区矛盾，促进社会治理格局的优化，而社会组织自身也因为以社区居民需求的汇聚者和社区服务的递送者角色获得了参与社区治理的广阔舞台。可以说，社会组织向上赢得政府的政治信任和承接了政府的转移职能，向下可凝聚社会共识和服务社区群众，实现了组织的能力提升、社会价值和持续发展。

再次，社会工作者参与联动的动力类似于社会组织，因为民族地区的社会工作是寄生于社会组织中的。唯一不同的是，社会工作者可以利用专业优势发现社区居民的主流需求、迫切需求和个性需求，以及需求背后的真实原因，并运用科学的助人方法参与社区治理，承担起助人自助、调节社会矛盾的社会责任，最终实现促进社会正义、增进社会福祉的专业使命和终极价值。

最后，社区居民参与“三社联动”的内在动力显而易见，毕竟“三社联动”的目标就是为了服务社区居民，满足其多元需求，实现其利益诉求，为自己谋福利的事当然愿意参与。但实践研究表明，社区居民参与度并不是太高，这与上述理论逻辑推导出的结论形成矛盾。据笔者实地走访调查得出，社区共同体意识不强、居民异质性需求差异较大、互动主体彼此缺乏信任、社区资源和信息流通不畅是导致居民参与度偏低的主要原因，还有可能是没有理顺社区普遍性需求和专业性需求的满足方式及其相互关系。

另外，鉴于民族地区城市社区治理事务纷繁复杂、社区问题各式各样、居民需求千差万别的现状，应针对不同类别的社区人群特点，汇总出普遍性需求并形成社区公共议题，以政府购买服务方式，合理统筹社会组织、专业社会工作者来承接并提供基础性服务，而社区专业化、个性化需求，则可以通过市场组织或由专业社会工作者介入，引导其提供特色定制的个性化服务，形成“基础服务+定制服务”的组合供给模式。同时还需适应城市社区多元化发展的特点，细分社区服务类型，依托社区网格化管理方式，实现社区分层分类管理和精准精细服务，特别是“三社联动”服务的重点应聚焦社区居民需求中“急、难、愁、盼、怨”等问题事项的纾解上，吸引社区居民主动参与“三社联动”中。只有丰富社区服务供给，解决居民的迫切需求，让社区居民得到利益实惠，社区矛盾真正化解，才能激发居民参与“三社联动”的动力和活力。

3.3.2 外在动力：基层政府社会管理和公共服务职能的下沉

“三社联动”的外在驱动机制，主要来自基层政府社会管理和服务职能转变而释放的社会活力。随着我国基层政府职能转变和机构改革的加快推进，基层社会治理中的基层政府发生了两大转向：一是由全能型、控制型转向有限型、服务型；二是从政府直接面向基层社区群众实施管理，转向为间接地借助基层自治组织或社会组织指导群众开展自我管理和自我服务。基层政府职能转变的改革使城市社区获得了更多的独立性，给社区自治组织、社会组织、社会工作者的成长与发展留下了空间，赋予了资源，尤其是政府将公共资源逐渐向社区下沉，社区管理权力下放，为“三社联动”推行提供了条件，也激发了“三社”参与其中的潜在动力。

把“三社联动”的潜在动力转化为现实动力，必须要以社区自治为基本前提。如果没有社区事务自我管理的合法性权限，至少社区自治组织与社会组织是无法联动的。因为在一个完全由基层政府（或职能部门）垂直管制或全权包办的社区治理场域中，若社会组织和社区自治组织对政府行政力量和财政资源的依赖性依然较强，则其行动能力和范围必定受限，内生成长的活力势必降低。所以，“三社联动”有效运行的关键推动因素是政府在简政放权的基础上激发社会活力，引导和促进多元主体参与，并予以其独立性的政策保障。当然，这里讲的“三社”独立性，并非抛开行政体制机制自成一体的完全独立性，而是以清晰划分基层政府与社区之间权责以及社区享有自治权为基本前提。例如，政府向社区提供基本公共服务或开展社区管理活动时，可通过向社会组织购买服务的方式向社区居民提供，具体提供什么、如何提供、何时提供等问题可由社区居民协商共议；社区可以采用动员方式吸收社会力量参与处理社区公共事务，或以政府、市场和社会多元联合供给，来满足社区居民服务需求；在民族地区城市社区治理中，既要充分发挥社区党建在基层社会治理中的引领作用，又要坚持“民事民议民决民办”原则，充分落实“社区需求由居民表达、社区议题由居民自定、社区问题由居民讨论、社区事务由居民参与”的理念，形成基层社区党组织、社区自治组织与社会组织目标同向、工作联议、项目联作、党员联管的格局。①

需要说明的是，在民族地区城市社区“三社联动”的初期阶段，离不开政府的职能发挥和激励引导，甚至有些社区公共事务还必须由行政权占据主导支配地位。诸如在民族关系协调、社会治安维稳、边疆反恐、突发公共卫生事件等重大敏感事务上必须由政府全权统筹管理，这是民间社会组织和社会工作者不可能也不宜进入的领域，也是民族地区特殊政治环境下的客观要求。

3.3.3 功能边界：“三社联动”主体的角色定位

在民族地区城市社区治理场域中，“三社联动”要想从顶层设计图景落地到基层实践环节，不仅从宏观层面考量“三社联动”机制运行环境的制约条件和影响因素，还要从中观层面剖析“三社联动”主体的互构方式和特点，更要从微观层面厘清“三社联动”主体的角色定位和互动关系。因此，通过制度规范来明确“三社”主体的职责权限、行动规则和功能角

---

① 李广斌．完善“三社联动”体制机制［N］．青海日报，2018-07-23（11）．

色，进而促成资源互补机制、能力互促机制和关系协调机制的建立，才能保证在资源和权力不平衡的多元主体之间实现联动的利益最大化。不同时期和不同地区的“三社联动”实践，“三社”主体的功能和职责是动态变化的，其在联动中的角色定位也必将有不同的特点和表现。下面我们探讨试点阶段民族地区“三社联动”相关主体的角色定位问题。

从目前民族地区城市社区“三社联动”实践来看，基本处于政府主导推动的阶段，属于“嵌入型”发展模式。政府作为主动齿轮率先发力，向社会组织让渡部分空间，辅之以信息引导、资源支持和法制规范，以及培育社会服务机构和社会工作专业人员，通过政府购买服务方式，促成社会组织承接服务项目，引导社工机构嵌入社区，为居民提供个性化、专业化、多样化的服务。① 从各主体的功能发挥来看，政府主要是在制度设计、政策制定、资源投入、组织领导、协调统筹、社会培育、社区基础设施建设等方面扶持联动；社会组织更多的是从社区居民需求收集、社区议题凝练、活动策划与开展、能力建设、技术支持等方面实现嵌入联动；社会工作专业人员则更多的是依托专业社工服务机构、支持性社会组织和服务性社会组织，以角色嵌入的方式在文娱服务、邻里关系协调、社区矫治、青少年儿童服务、困境救助等领域发挥作用；社区居民多是以需求表达、社区协商的方式参与联动。尽管这种联动方式受到权力本位和行政资源依赖等因素的重大影响，并非一种真正理想意义上的自治型模式，但在基层社区自我成长和发育明显不足的民族地区，已经开始打破传统政府严格管控的社区管理体制，基本搭建起“党委领导、政府负责、社会协同、公众参与、法治保障”的基层社会治理格局。

1. 基层政府在“三社联动”中的角色

民族地区基层政府在“三社联动”中扮演着社区政策的制定者和规制者、社区公共服务的供给者、社区自治的倡导者和指导者、社区稳定和民

① 曹海军．“三社联动”的社区治理与服务创新——基于治理结构与运行机制的探索［J］.行政论坛，2017（2）：74-79.

族关系的维护者等角色（见表3-2）。

表3-2 民族地区城市社区“三社联动”中基层政府的角色和职责

角色	职责
社区政策的制定者和规制者	为社区治理和“三社联动”提供制度安排；制定地区级“三社联动”相关法规、政策规划和配套文件，建立“三社”信息联通机制和服务联办机制；对多元主体的职责范围和相互关系依法做出明确规定，依法制定和落实对社区自治组织的扶持政策，依法对社会团体、民办非企业单位进行登记管理和监察的责任，为“三社联动”运行提供制度保障；监督社区自治组织的运作过程，对社会组织提供的社区公共服务质量进行监督评估等
社区公共服务的供给者	有针对性地满足社区公共需求而提供社区公共服务和公共物品；为社区基础设施、社区信息网络管理、社区治安维稳等工作的开展，投入财政资金和人员保障；提供与居民日常生活息息相关的公共设施和公共事业产品，包括教育卫生、文娱设施和场所、社区环境卫生、基本社会保障等
社区自治的倡导者和指导者	培育社区自治组织的发育和成长；指导社区自治组织进行组织建设和制度建设，建立正常运行机制、完善内部治理结构和规范运营程序，从而保证社区自治组织为社区提供符合社区居民需求的公共服务
社区稳定和民族关系的维护者	对有特殊风险影响的社区公共事务，主动防范、严格把控，维护社区稳定和民族团结；防范安全生产事故的发生；对“三股势力”实施打击；避免民族矛盾和宗教信仰冲突的发生；加强民生保障制度建设，减少社会风险点等

资料来源：陈天祥，杨婷．城市社区治理：角色迷失及其根源——以H市为例［J］．中国人民大学学报，2011（3）：129-135；部分内容笔者略有改动。

社区政策制定者和规制者的角色是由政府社会管理职责所赋予的。“三社联动”在民族地区刚处于起步阶段，需要政府运用公共资源优势、密集的组织网络体系和强大的社会动员能力，为“三社联动”提供支持帮助，稳固发展基础，确保运行有章可循，具体包括做好制度顶层设计、搭建政策法规框架、确立参与主体的法律地位等。与此同时，政府还肩负着“三社联动”的政策启动和规制职责，因为“三社联动”作为政府提倡的一种社区治理创新方式，涉及多个利益主体的行动意识和行为活动，如果不进行法律政策的规范调整、严格监督管理，有可能会出现“三社”无序联动的状态，甚至会损害公共利益。基层党委政府作为社会治理的核心力量，必须在“三社联动”制度设置、组织领导、政策制定、互联互通工作平台的搭建等方面发挥主导作用，自上而下推动“三社”系统有序运转，为其他主体提供助力，带动社区内部系统与其余社会力量发挥作用[①]。另外，相关政府部门依法承担对社会团体、民办非企业单位进行登记管理和监察的责任，特别要对其提供的公共服务进行严格监管。但这种规制并非完全遏制社区自治力量的发展空间，限制“三社联动”中社会组织和社会工作专业人才的活动领域，而是从制度顶层设计、政策制定和法治保障等层面对“三社联动”进行政策规范和引导扶持，以促进社会组织等社会力量的成长和壮大。

社区公共服务供给者角色是由政府社会服务职能所赋予的。基层政府作为社区治理的重要主体，必须提供社区发展所需要的公共物品，包括社区办公场所、社区基础设施、社区信息化网络和社区治安维稳设施等。另外，还必须出面组织提供准公共物品，如社区环境卫生、弱势群体救助、特殊人群福利保障、生活公用设施和公共事业等，并确保产品供给价格和方式为社区居民可接受、可获得，最大程度满足社区居民的日常生活需要。

社区自治倡导者和指导者角色是由法律所赋予的，政府必须对社区自治组织给予指导、支持和帮助。《中华人民共和国城市居民委员会组织法》[②] 第二条规定，“不设区的市、市辖区的人民政府或者它的派出机关对居民委员会的工作给予指导、支持和帮助”。[③] 实践中，政府部门负有拟定

① 李精华，赵珊珊．“三社联动”：内涵、机制及其推进策略［J］．学术交流，2016（8）：162-168.

② 《中华人民共和国城市居民委员会组织法》于 1989 年 12 月 26 日第七届全国人民代表大会常务委员会第十一次会议通过，1989 年 12 月 26 日中华人民共和国主席令第二十一号公布，自 1990 年 1 月 1 日起施行。2018 年 12 月 29 日，第十三届全国人民代表大会常务委员会第七次会议通过关于修改《中华人民共和国村民委员会组织法》《中华人民共和国城市居民委员会组织法》的决定。其中，将《中华人民共和国城市居民委员会组织法》第八条第一款修改为：“居民委员会主任、副主任和委员，由本居住地区全体有选举权的居民或者由每户派代表选举产生；根据居民意见，也可以由每个居民小组选举代表二至三人选举产生。居民委员会每届任期五年，其成员可以连选连任。”

③ 中华人民共和国城市居民委员会组织法［EB/OL］．（1989-12-26）．http：//www.npc.gov.cn/wxzl/gongbao/1989-12/26/content_ 1481131.htm.

城市基层群众自治组织建设政策、指导城市社区服务体系建设、提出加强和改进基层政权建设的责任，以及指导和帮助街道办事处、社区居委会做好社区发展规划，兼具推动基层民主政治建设、助推社会力量成长、引导社区多元共治等责任和角色。

社区稳定和民族关系的维护者是民族地区基层政府重点强调的职责角色，也是社区建设的头等大事。“社区稳、社会才稳”“民族团结、国家才稳”，目前在少数民族地区影响经济社会发展的不稳定、不和谐因素依然强大。例如，“三股势力”① 还较为猖獗，甚至在局部地区或特定时间内表现得比较突出，在基层吏治腐败现象、贫富差距、就业安置、民族矛盾、宗教信仰冲突、制假售假、不合理收费、看病就医、土地补偿、干群关系、教育质量与公平性等领域存在的社会风险点较多，少数民族群众对其关注度很高。因此，政府在这些有特殊风险影响的社区公共事务中，应主动防范、严格把控、全力维护社区稳定和民族团结，这是开展其他任何工作的必要前提。民族地区基层政府在“三社联动”中的这项角色要比其他非民族地区更为重要。

2. 居民委员会在“三社联动”中的角色

如前所述，居民委员会是作为“三社联动”中社区的实践代表而存在的。根据《中华人民共和国宪法》《中华人民共和国城市居民委员会组织法》对居民委员会性质、地位和功能的相关规定，结合自治性组织的特征和作用，归纳出居委会在“三社联动”中的结构性角色是：社区公共服务的供给者、社区居民权利的“代言人”和基层政府的“助手”（见表 3-3）。

居民委员会作为基层群众性自治组织，是社区治理的核心力量，也是社区公共服务的供给者，这是法律赋予其的责任和角色。如《中华人民共和国城市居民委员会组织法》第三条规定“居民委员会办理本居住地居民的公共事务和公益事业”，第四条规定“居民委员会应当开展便民利民的

---

① 所谓“三股势力”，是指宗教极端势力、民族分裂势力和国际暴力恐怖势力。

社区服务活动，可以兴办有关的公共事业”。①这说明兼具政府管理和居民自治属性的居委会，在现实社区治理中依照法律规定，可起到社区服务“拾遗补阙”的功效，即弥补政府公共服务供给的不足，并利用其“接地气”的优势，协助政府或是其派出机关做好与居民利益有关的社区事务。

表3-3　民族地区城市社区“三社联动”中居民委员会的角色和职责

角色	职责
社区公共服务的供给者	为社区居民提供必要的公共服务；开展便民利民的社区服务活动；为社区居民提供教育、基础医疗、卫生防疫、就业、社保、法律援助等方面的咨询服务；组织和提供社区文化娱乐服务；调解邻里纠纷，关注和帮助弱势群体，服务特殊人群；处理社区居民共同约定的公共事务等
社区居民权利的“代言人”	代表社区居民的利益和诉求；代表社区居民向有关政府部门提出改善社区治安、环境卫生和流动人口管理的意见和建议；向政府有关部门提出维护社区居民权益的请求，提出居民较为关注且涉及切身利益的重大社区问题；管理社区居民委员会的财产和社区居民委托管理的共有财产；受社区居民的委托，代表社区居民与外部组织或个人发生关系，维护本社区居民的团结和权益等
基层政府的“助手”	协助政府从事社区行政事务性工作；宣传国家的法律和民族政策；协助政府或者街道办做好与居民利益有关的社区治安、公共卫生、社会救助、社区矫正、青少年教育等项工作

资料来源：陈天祥，杨婷．城市社区治理：角色迷失及其根源——以H市为例［J］．中国人民大学学报，2011（3）：129-135；部分内容笔者略有改动。

居委会承担社区居民权利“代言人”的角色，是法律赋予其自治属性在实践中的具体表现。如《中华人民共和国城市居民委员会组织法》第二条规定“居民委员会是居民自我管理、自我教育、自我服务的基层群众性自治组织”，第三条规定“居民委员会可以向人民政府或者它的派出机关反映居民的意见、要求和提出建议”。②可见，居委会作为社区群众的自治组织，首要工作任务和存在价值就是要代表本社区居民的利益和诉求，具体方式是通过发现、梳理居民的需求和问题后，反馈到政府部门及其派出机关，并在政府的指导下，以维护社区居民的利益为出发点，通过多种途

①② 中华人民共和国城市居民委员会组织法［EB/OL］.（1989-12-26）. http://www.npc.gov.cn/wxzl/gongbao/1989-12/26/content_1481131.htm.

径和形式来提供社区公共服务，处理社区居民的“急、难、愁、盼、怨”问题。居民委员会的“代言人”角色，既要让社区居民的需求和诉求被政府知晓，打造好“民主议事、民主决策、居民互助、社会评估”的平台，又要让政府的政策、资金和保障措施落地在社区，发挥好政府与居民之间的桥梁纽带作用。

居委会扮演基层政府“助手”角色，并不是要强化其行政化、官僚化的传统功能，而是要将二者的角色复位于指导与被指导的工作关系，彻底革除领导与被领导的上下级工作关系。具体通过社区事务准入制和“权随责走、费随事转、人随事转”机制，促使居委会开展自治性服务，协助基层政府履行社会服务职能，并在“三社联动”中重点发挥推动者、主导者和保障者的作用，确保居委会的政治优势、组织优势和社区资源整合优势，进而成为社区“三社联动”机制中的核心力量。需要澄清的是，虽然居委会作为基层政府“代理人”的传统角色在民族地区城市社区中一时间难以根除，也无法抛开政府实施自治的“三社联动”机制，但居委会作为政府的“助手”角色是法律明文规定和要求的，关键是要将法律规定落在实处，非变相执行。如《中华人民共和国城市居民委员会组织法》第二条规定“居委会协助不设区的市、市辖区的人民政府或者它的派出机关开展工作”，第二十条规定“市、市辖区的人民政府有关部门，需要居民委员会或者它的下属委员会协助进行的工作，应当经市、市辖区的人民政府或者它的派出机关同意并统一安排”。① 可见，从“代理人”角色向“助手”角色转变，也是居委会在创新社会治理体制下的一种理性回归。

3. 社会组织在“三社联动”中的角色

参与“三社联动”的社会组织类型多样，从与社区的结构关系上来划分，可分为外部社会组织和内部社区社会组织。鉴于这两类社会组织的生成环境、资源禀赋和行动能力有很大不同，它们在“三社联动”中的作用

---

① 中华人民共和国城市居民委员会组织法［EB/OL］.（1989-12-26）. http：//www.npc.gov.cn/wxzl/gongbao/1989-12/26/content_ 1481131.htm.

和角色也有很大差异，在民族地区城市社区中也有不同的功能表现。

一般而言，外部社会组织是在民政部门依法登记注册的公益类社会组织，其组织规模相对较大，规范性程度较高，发展时间和业务开展相对成熟，内部治理结构较为完善，有正规的组织章程和运作程序，服务人群较为聚焦。在“三社联动”中，社会组织常处于基层枢纽的位置，是联结基层政府和社区社会组织的重要桥梁，主要通过政府购买服务、项目制管理等方式，承接更多的社区公共服务事项，在社区社会组织孵化培育、技术咨询、服务平台打造、社区智库建设、社区公益传播等方面大有作为，肩负着政府职能转移的重要承接者、社区专业服务提供者、社区力量培育者和支持者的角色，在整个“三社联动”机制建设过程中发挥着“专业引擎”的关键功能。

社区社会组织是本社区居民以兴趣爱好、共同需求等为由共同发起的服务于社区居民生活的内源性社会组织，是居民自我组织、自主行动、自我供给、自我服务的重要载体形式，具有灵活性强、扎根社区和服务及时便捷的突出优势，已成为民族地区城市社区“三社联动”中大力发展的重要主体。但目前民族地区城市社区社会组织的完备性和规范性还相对较差，如有些只是在街道和社区进行备案管理，有些在民政部门依法登记注册，有些甚至还处于自管游离状态等，主要的服务活动范围仅限于本社区，开展服务项目范围较分散，组织发展不平衡、不规范现象突出，某种程度上导致其角色设定的不稳定和功能发挥的不聚焦。

从运行现状来看，社区社会组织能够快速响应社区需求信号，较快捕捉到社区居民的兴趣点和问题域，在化解社区矛盾、增强邻里关系、提供公益慈善、服务特殊群体、丰富文体娱乐等社区即时性需求回应中，体现了贴近民众的“在地”优势，对激发社区活力、扩大居民参与、推动社区自治、引领社区志愿服务、营造社区文化等方面发挥着积极的作用。社区社会组织作为社区活力的根基，肩负着社区服务的提供者、社区治理的参与者和居民参与社区服务的承载者角色。

4. 社会工作专业人才在“三社联动”中的角色

社会工作专业人才是社区治理的具体执行者、社区专业服务的提供者和社区公共精神的强化者。根据社会工作专业人才参与“三社联动”的运行实践，主要分为机构社会工作者和社区社会工作者两类主体，并有着不同的作用表现。

机构社会工作者，专指接受过良好的学院化专业训练且在社会服务机构中工作的社会工作者，是专业社工嵌入社会组织的一种形式。专业社工依托社会服务组织，通过专业支持和服务示范将自身的专业知识、价值理念和助人方法嵌入社区，引领社区社会组织和社区成员共同开展社区服务，特别是重点为弱势群体或者某些有特定需要的社区人群提供个性化、品质化和专业化服务，并在社区服务项目设计、实施、管理、评估和督导等方面发挥作用，是以一种专业社工服务的提供者、组织者、资源整合者的姿态出现在社区。另外，机构社会工作者在专业社工理念和价值观的指导下，把社区公共事务的决定权和行动权赋予居民，增强居民自治能力，提升居民的公共意识，激发居民自治责任，内化居民自治行动，强化居民的社区公共精神，具体扮演着社区居民自治的支持者、同行者、陪伴者的角色。

社区社会工作者是传统社区工作者中部分取得社工资格证书的专业性人才，是为社区全体居民提供各类公共服务与其他公益服务的社区专职工作人员。社区社会工作者贴近社区居民，了解社区需求，具有先天的信息优势和熟人关系优势，通过沟通、组织、协调和动员方式，发现社区需求，整合各方资源，向社区居民递送普遍性福利和专业性服务，满足不同居民的差异化需求，发挥社区治理的组织者和社区专业服务提供者的功能。

5. 社区居民在“三社联动”中的角色

社区居民作为“三社联动”中的重要主体，既是社区服务的对象和受益者，又是社区服务的参与者，其结构性位置就决定了其不能“置身事外”。在“三社联动”实践中，社会组织和社会工作者引导、发动社区居民以自组织的形式加入邻里互助、社区公益和生活自助服务等领域，不断提升居民参与社区自我管理和自我服务的意识、意愿和能力，激发其主动、积极地承担起社区建设的重要职能。社区居民在自我增能基础上，兼顾自身利益和社区整体利益，与其他“三社”主体对话互动，根据社区议题灵活采用“结成伙伴”等参与层级，在“三社联动”中体现出应有的主观能动性。① 社区居民人人关心、支持和参与社区治理，不但有其权利、责任、目标和效果等方面的合理性，而且是“三社联动”能否行之有效的群众基础。“三社联动”成效的好与坏，是否协助社区居民疏解矛盾问题和满足生活需求，最终是由社区居民说了算。

总之，“三社联动”是多元主体协商行动的过程，是行动主体之间信任、合作、平等协商、互惠互利的关系建构过程。② 这种关系的构建，是以价值共识为基础，以利益协调和平衡为动力，重点是克服不同主体之间的资源疏离、能力排斥、利益冲突问题，弱化组织的自利倾向与公共性职责之间的张力，并以行政主导推进和公共价值引导为手段，加强培育社区社会资本，提升“三社”参与社区治理的主动性、公共性和社会性，做到兼顾组织利益和社会整体利益的统一，强化多元互动、互惠、互相理解和信任，发挥各自独特的功能和优势。③ 特别是在“三社联动”不同发展阶段要定准位置和角色，确保主体之间不错位、不失位、不越位，精准发挥服务社区的最大效能。

---

① 石兵营，谭琪．“三社联动”主体及角色再定位：基于社区治理实务视角［J］．社会工作，2017（1）：89-97.

② 陈伟东，吴岚波．从嵌入到融入：社区三社联动发展趋势研究［J］．中州学刊，2019（1）：74-79.

③ 姜振华．社区协同治理视野中的“三社联动”：生成路径与互构性关系——基于北京市将台地区的探索［J］．首都师范大学学报（社会科学版），2019（2）：73-82.

4　民族地区“三社联动”实践
——内蒙古 B 市的做法

在当前社会主要矛盾发生变化的形势下，民族地区基层社会治理势必出现新风险、新矛盾和新问题，城市社区治理也应开辟新思路、新模式和新机制，而“三社联动”正是对新时代创新基层社区治理方式的一种回应。由于我国民族自治地方众多，各民族结构和人口结构差异较大，具有自身的风俗习惯、民族文化和生活生产方式。民族事务治理更是各具特点，民族地区“三社联动”的实践模式各不相同也在情理之中。“适合的就是最好的。”我们选取内蒙古 B 市“三社联动”的实践做法进行个案介绍，主要基于内蒙古是多年的“模范自治区”，是全国民族团结和边疆稳固的典范，其基层社会治理必然有可圈可点的成效和可学可鉴的经验。

4.1　内蒙古 B 市“三社联动”背景

4.1.1　内蒙古 B 市简况

内蒙古 B 市是内蒙古自治区下辖的拥有地方立法权的地级市，位于内蒙古中部，北面与蒙古国接壤，南临黄河，东面是土默川平原，西面接河套平原，阴山山脉横贯中部。B 市是内蒙古自治区最大的工业城市和钢铁生产加工基地，是世界最大的稀土研发应用生产基地。截至 2019 年末，B 市辖 5 个市辖区、1 个县、1 个矿区、2 个旗和一个国家级稀土高新技术产业开发区，城镇居民人均可支配收入达到50427元，[①] 居全自治区首位，位列我国西部城市第一。除此以外，B市还有以下几方面的鲜明特点。

1. 地理位置相对优越

B市地处渤海经济区与黄河上游资源富集区交会处，是连接我国华北和西北的重要枢纽，是国家和内蒙古对外开放的重点发展地区，也是内蒙古最具发展活力的优势区域之一，经济发展基础、条件和前景在民族地区城市中相对较好。

2. 民族构成较为复杂

B市是以蒙古族人口为主体，以汉族人口占多数的多民族聚居地区。多元民族成分中有汉族、蒙古族、回族、满族、达斡尔族、鄂伦春族等31个民族生活于此，其中汉族人口占比约为94.31%，蒙古族人口占比约为3.21%，其他少数民族人口占比约为2.48%。B市可以说是多民族文化资源的集聚区，其社区文化有着浓郁的民族和地方特色，社区边界感清晰，少数民族居民对民族和地域存在感较为强烈。

3. 城镇化率相对较高

截至2019年末，B市常住人口为289.7万人，占全自治区常住人口的比重为11.4%，常住人口总量位居全自治区第四；全市城镇人口数量达到243.1万人，占全自治区城镇人口的比重为15.1%，位居全自治区第一；全市城镇化率达到83.9%，[②] 高于自治区20.53个百分点，在全自治区12个盟市中排第二位。

4. 典型的生态宜居城市

B市环境优美，生态宜居，拥有草原、黄河、山川、湿地等多种形

---

① B市2019年国民经济和社会发展统计公报［EB/OL］.（2020-04-17）. http：//www.baotou.gov.cn/info/1143/226479.htm.

② B市概览——人口状况［EB/OL］.（2020-04-17）. http：//www.baotou.gov.cn/mlbt/btgl/rkzk.htm.

态，绿化面积居全自治区首位。B市于2005年首批进入全国文明城市并五次蝉联，到2019年末先后有八次荣获全国双拥模范城、六次荣获“全国社会治安综合治理先进城市”称号，荣获过联合国人居奖、中华环境奖、国家园林城市、国家森林城市、国家卫生城市、中国优秀旅游城市等诸多荣誉。

5. 宗教文化特色多元

B市在长达数百年的历史发展长河中，从古城到游牧之地，再到皮毛集散地和水旱码头，以及由村而镇、由县而市的过程中，先后传入了佛教（汉传佛教）、道教、喇嘛教（藏传佛教）、伊斯兰教、天主教和基督教新教，并形成了各宗教派别之间共存、共传、共发展的格局。例如，B市的汉传佛教与民间信仰融合，信徒散布区域较广；藏传佛教主要由蒙古族群众信仰，信徒分布区域较为集中；伊斯兰教主要由回族、维吾尔族群众信仰，信众集中分布于回民街道和清真寺附近；基督教新教和天主教中信仰人数分布区域散而广。多元宗教的传播、发展和冲突，形成了浓郁的民族特点和地方色彩，也体现出多民族宗教文化相互交流融合的特征。

6. 移民文化积淀厚重

B市是一座典型的移民城市，是沟通北方草原游牧文化与中原农耕文化之间的交通要冲，从古至今经历了数次大规模人口迁徙。特别是新中国成立后，全国大部分地区的军转人员、科技人才和劳动者来B市支援建设，外来人口数量激增，以山西人、河北人、东北人等后裔居多。同时也带来了不同的文化元素，包括中原文化与北边文化、农耕文化与游牧文化、晋陕文化与草原文化，多元文化在这里交融、交错和交流，代代传承，最终形成了丰富多彩、各具特色的移民文化和阴山文化。

自然地理条件、人口状况、民族构成以及经济、社会、文化发展水平等因素的不同，都会影响到社区类型的形成和相应的社区治理过程。尽管很难厘清其中复杂的因果关系，但亦可从宏观环境的描述中了解民族地区B市社区发展的外部条件和特点。需要特别说明的是，本章节中所有关于B市的信息资料（包括QS区和KDL区的区情简介是以2019年为时间节点）和“三社联动”数据资料主要是来源于 B 市政府网站、社区工作汇报和民政内部文件和问卷调研。

4.1.2 内蒙古 B 市社区“三社联动”试点历程

内蒙古 B 市政府一直重视社区建设和社区发展工作，积极推动社区治理体制改革和机制创新，取得了一定成绩，在民族地区各大城市中走在了前列。

从 2012 年起，B 市社区建设就驶入了快车道。其中，具备良好发展基础和社区环境的 QS 区，作为创新社会管理体制改革试点区，全面按照“精街道、强社区”的思路，开始推行“一委一站一居”的新型城市社区管理体制改革，在辖区 51 个街道社区建立起“一委一站一居”的组织架构，将街道办事处原来承担的公共服务职能、社会管理职能及相关的事务性工作下沉到社区，依法有序地将政府财政资源向社区下移，公共资源向社区整合，基本公共服务向社区延伸，尝试打造以党组织为领导核心、管理服务站为依托、居委会为主导、社会居民广泛参与为基础的社区治理新格局。可以说，此时 B 市的社区治理体制改革中就有了“三社联动”的雏形，初创了社区党委领导、社区管理服务站承载职能工作、社区居民委员会实行自治的三位一体、各负其责模式。

基于前期良好的改革成效和基础，2014 年 1 月，B 市 QS 区被国家民政部确定为“第二批全国社区治理和服务创新实验区”，率先开展了以“精街道、强社区、促服务”为主题的社区治理和服务创新工作。QS 区全面推进“探索区、街道、社区的功能定位和事权划分，形成基层政府行政管理与社区居民自治有效衔接、良性互动的渠道和途径”实验内容，积极打造“一个政务云平台指挥调度、一张社工网格精细管理”工作机制，全力构建政务管理和社会管理“双管合一”的基层治理模式。2014 年 5 月，B 市 QS 区的“明确事权、厘清职责、创新基层社会治理”实践主题活动被评为“2014 年度中国社区发展创新奖”，同年底又荣获“全国和谐社区建设示范城区”称号。

为进一步减轻社区负担，加快实现居委会去“行政化”和管理服务站职责法定的目标，B市QS区重点推行社区准入制度，推出合并考核评比和精简工作台账等一系列举措。按照社区工作依法确定原则、部门任务审批准入原则、承办事项责权统一原则、居民自治鼓励支持原则、便民利民保证优先原则等，QS区对社区办理事项进行全面梳理，制定出台《QS区社区工作准入实施办法（试行）》，在内蒙古自治区率先制定《社区管理服务站、居委会公共服务和开具证明工作目录》，列出行政管理清单8类30项132个，公共服务清单4类25项62个，精简取消清单5类32项122个……更加明晰了社区工作事项，较大地提升了服务效率。因QS区“社区减负”和“三社联动”试点创新实验工作取得良好成效，2015年分别荣获“中国社区治理十大创新成果提名奖”和“中国社区发展创新奖”，并在2017年被民政部确认为圆满完成各项社会治理创新试验任务的实验区。2018年，QS区社区自管物业管理模式的治理经验被编入《中国城市社区治理蓝皮书（2018）》案例研究中，成为全国十大案例之一，也是内蒙古自治区唯一入选的社区治理典型经验。由此，QS区的社会治理创新改革被推举为全国学习的典范。

为了扩大QS区社区治理和服务创新实验的优秀成果，国家民政部于2015年7月又确定B市的KDL区为“第三批全国社区治理和服务创新实验区”。经过三年时间的创建，KDL区深入探索社区服务模式，在内蒙古自治区率先提出“一委三会”民主协商议事机制，通过搭建协商议事平台、调动社会力量参与、强化居民自治能力等举措，形成了制度化、规范化和程序化的社区民主协商机制。与此同时，KDL区以实施“三社联动”机制为契机，大力培育、孵化社会组织和公益志愿性组织，建设“社工+义工（志愿者）”的双工联动服务机制，提升公众的志愿服务能力，并以社区智慧养老为突破口，创建“12349”为老便民服务热线、“银龄虚拟”养老院、社区日间照料站、社区医疗服务中心和便民服务社会组织，在社区服务多元化、社区功能智慧化等方面开创了良好局面。

KDL区还积极探索社区党委统领居民议事委员会、居民监督委员会、居民委员会的“一委三会”社区协商议事基本架构，规范居委会职责事项20 项，落实居委会协助政府工作事项 12 项，形成了“党委领导、议事委员会协商、居民委员会实施、监督委员会监督”的具有本地特色的社区治理和服务创新模式，逐步推进社区治理体系的科学化和规范化。值得一提的是，KDL 区首创“两中心一平台”模式，把街道辖区的公共事务受理服务和社会治安综合治理职能向中心社区集聚，取得了良好的社会反响，2017 年成为内蒙古地区唯一入选的“全国基层创新优秀案例”，成功打造了推进社区治理体系和治理能力现代化的鲜活样板。

QS 区和 KDL 区的“三社联动”机制示范建设由点到面不断深化，已逐步在 B 市全面推开，并在内蒙古自治区处于领跑位置。

4.1.3 内蒙古 B 市社区“三社联动”的研究样本

综合考虑内蒙古 B 市社区治理与服务创新实验的先行先试与示范效应，本书将 QS 区和 KDL 区作为研究样本，并基于实证的角度和还原事实的原则，对该区域“三社联动”的运行实践进行描述和解释。另外，“三社联动”作为社区治理与服务创新改革的重要抓手，绝不是单独、封闭式的开展，必然与其他相关社区治理项目内容进行系统性和配合性的改革。所以，本书在分析过程中，注重对文献资料、访谈资料和问卷调查等数据的真伪识别和无关信息的筛查剔除，客观地反映 B 市社区“三社联动”的具体做法。

1. 区域样本的总体情况

本调查选取了 B 市 QS 区和 KDL 区作为区域研究样本。

（1）QS 区简介

QS 区总人口 51.9 万人，行政区域面积 280 平方千米，下辖 8 个街道 2 个镇 53 个社区，共有基层党组织 775 个，党员 15503 名。QS 区是典型的工业区，有几十年的工业传统和积淀，可谓是依工而建、依工而兴，同时又是典型的移民区，外来流动人口较多，具有开放和包容的人文特点。QS 区拥有 50 所科研机构、62 所办学单位和 3 所高等院校，曾荣获“全国文化工作先进区”称号，而且民族气息浓厚，有多个成批成片设计别具民族特色和草原文化格调的建筑群落，是B市中典型的文化区和宜居区。QS区先后荣获全国社区治理和服务创新实验区、全国和谐社区建设示范城区、全国创先争优活动先进区委、全国绿化模范县、全国科技进步考核先进区、全国文化工作先进区、全国法治县区创建活动先进单位、国家餐饮服务食品安全示范区、第三届国土资源节约集约模范县（市）等多项国家级荣誉称号。①

（2）KDL区简介

KDL区是B市的主城区，也是内蒙古自治区的经济强区、人口大区和老龄化城区，行政区域面积301平方千米，总人口为78.61万人，其中蒙古族人口为24036人，其他少数民族人口为20073人。全区下辖2个镇13个街道78个社区，共有基层党组织862个，党员16415人。KDL区先后进入国家城区老工业区搬迁改造试点、全国志愿服务记录制度试点、国家智慧社区建设试点等多个试点城区行列，获得国家新型城镇化质量百强区、国家循环经济示范城市核心区、国家级电子商务示范基地、全国科技进步先进区、全国文化先进区、全国第三批法治创建先进区、首批全国社会工作服务标准化建设示范区、全国和谐社区建设示范区、全国社会组织建设创新示范区、自治区文明城区、自治区双拥模范区、自治区维稳典型示范区等荣誉称号。②

2. 样本研究方法

本研究以B市社区个案分析为基础，在研究方法上主要采用了文献法、问卷法和访谈法。

（1）文献法

通过对内蒙古B市社区“三社联动”的政策法规和工作报告等资料进行文献分析，对文本承载的社会实践进行整理、甄别和归纳，探求“三社

---

① B市QS区简介［EB/OL］. http：//www. baotou. gov. cn/mlbt/qxqjj/qsq. htm.

② B市KDL区简介［EB/OL］. http：//www. baotou. gov. cn/mlbt/qxqjj/kdlq. htm.

联动”的实践逻辑。

（2）问卷法

通过在样本区域对“三社联动”运行相关利益主体进行抽样问卷调查和定量统计，重点考察 B 市“三社联动”实践的主体性认知、满意度和社会效应。调查对象为街道办事处干部、社区管理服务站工作人员、社区居委会工作人员、专业社会工作者、社会组织工作人员、社区居民。在本次研究的样本区域共发放问卷 400 份，回收有效问卷 389 份，其中 75%的问卷是面向社区居民的调查，主要用来测量其对“三社联动”的知晓度和满意度。

（3）访谈法

在每个样本区域分别召开 2 次由“三社联动”运行相关人员参加的座谈会。这些人员主要包括区政府分管领导 2 人、民政局主管领导 2 人、专业社会工作者 10 人，社区党委领导 4 人、社区管理服务站工作人员 12 人、社区居民委员会干部 5 人、社会组织工作人员 10 人。主要听取内容为：对本地区“三社联动”的做法、成效、问题、原因和下一步改进的工作重点。运用焦点小组的座谈方法，收集第一手讯息和资料，甄别和总结他们关于“三社联动”机制工作的看法、心得和建议。

3. 访谈样本的总体情况

在获取相关政策资料的同时，为了真实了解“三社联动”机制运行的实践效果，特别对相关利益主体进行了调研访谈和问卷调查，以便评估“三社联动”绩效。访谈调查于 2018 年 3 月和 2019 年 3 月分两次进行[①]，目的是在一个年度周期内考察“三社联动”利益相关主体的动态感知变化情况。每次问卷数为 200 份，总的有效样本问卷数为 389 份。从有效样本人数的性别来看，男性 201 人，占样本人数的 51.67%；女性 188 人，占样本人数的 48.33%。从有效样本人数的年龄段来看，30～40 岁的

① 由于问卷调查是分两次进行的，为了保证调查目的和标准的一致性，我们均采用同一份问卷内容，特此说明。

48人，40~50岁的59人，50~60岁的95人，60岁以上的187人。从有效样本人数的身份来看，街道办工作人员15人，占样本人数的3.86%；社区居委会工作人员21人，占样本人数的5.39 %；社区管理服务站工作人员20人，占样本人数的5.14%；社会组织工作人员20人，占样本人数的5.14%；社会工作者24人，占样本人数的6.17% ；社区居民289人，占样本人数的74.29%。

4.2 内蒙古B市“三社联动” 的具体做法

4.2.1 B市QS区“三社联动”做法

B市QS区自从被确定为“全国社区治理和服务创新实验区”以来，着力推进社区治理创新，加快推进社区党建纵深发展，在抓基层、打基础方面下真功夫，推动“一个政务云平台指挥调度，一张社工网络精细管理”的深度融合，加快“三社联动”机制的构建。

1. 构建社区党建“241”管理服务体系

根据党的十九大提出“加强社会治理制度建设，完善党委领导、政府负责、社会协同、公众参与、法治保障的社会治理体制”的总要求，B市QS区紧抓“党委领导”在基层社区建设中的引领工作，结合地区特色和现有党建基础，构建社区党建“241”管理服务体系，即“两力驱动、四级统筹、一体推进”，最大限度地凝聚社会各类优秀资源进社区，提升党建服务在“三社联动”中的核心引领作用。

（1）“两力驱动”基层党建

B市QS区在原有建制性党组织的基础上，依据“地域相邻、行业相近”原则，对辖区内没有隶属关系的单位党组织进行整合优化，建立非建制性党组织，从内外两个层面驱动各社区的党组织健全覆盖和党员工作全天候覆盖，努力发挥好党委（或党组织）在社会治理中的引领作用。

第一，以街道、社区党委（或党组织）为代表的建制性党组织形成内驱力，重点抓党务工作，充分发挥力量充足、基础扎实、程序规范的党组织优势，通过与各社区党组织的观摩学习、人员交叉任职和共同组织党建活动等方式，提升区域社区整体党务水平，并形成可借鉴学习的标杆和样板。

第二，将辖区内各个街镇、社区、驻区单位、非公企业、社会组织、医院和高校等资源按照区域划分，形成非建制性的区域集团党工委、社区联合党委的外驱力，围绕“抓党建、促发展”的工作重心，通过开展地区党建项目、定期组织召开党建工作例会等形式增强互联互动效果。重点解决怎样实现党建统筹城区资源、怎样实现党建引领社区发展等问题，整合一切有价值的资源，充分运用到社区治理工作当中。①

（2）“四级统筹”社区各类资源深度融合

城市社区党建是一项系统工程，涉及领域广、主体多、任务重，环节复杂，很多工作不是单靠街道社区党组织就能完全做好的，必须强化各主体、多方面的统筹联动，形成工作合力。QS 区突出社区党委（或党组织）的领导作用，在区、街镇、社区、网格四级体系基础上，以党组织为核心，将区域内的政府机关、企业、学校、医院等党建主体有机结合起来，建立横向到边、纵向到底的互联互动网格。依托“区—街镇—社区”纵向三级党建服务中心，将“虚拟”的互联互动变为“实体”的互动运营，形成“联动+互动+自动”的“三动效应”，促使 QS 区各个社区中各类党组织的充分融合联动。

第一，在区级层面，QS 区委党组织主持成立了“城市基层社区党建促进会”，以开放、包容、共享的态度开创“城市基层社区党建发展论坛”，每年召开 1 次，邀请领导干部、专家学者等各类优秀人才对涉及当地社区发展的目标思路和重点项目进行交流研讨。

第二，在街道层面，针对区域资源分布不均的问题，实施区域集团化运作。综合考量驻区单位、非公企业、社会组织、医院高校等资源分布情

① 探索实施“241”工作体系，推动城市基层党建纵深发展［EB/OL］.（2018-10-18）. http://dangjian.people.com.cn/n1/2018/1018/c420318-30348747.html.

况，按照“地缘相近、协调便利”的原则，整合7个驻区大单位和10个街镇，划分形成布点相对均匀的四个区域集团党建“共同体”，分别设立“区域集团党工委”，并由区委常委任党工委书记，每季度召开1次例会。下设党建发展中心，日常运作由集团内各街镇党（工）委按年度轮值负责。

第三，在社区层面，按照社区网格化管理布局，结合社区党员数量和结构的配比及分布，在QS区先后成立49个社区联合党委，实行“大网格”制，将网格内的驻区单位、非公企业和社会组织全部纳入网格管理。同时，成立网格执行小组，负责推进落实“以凝聚党员、强化服务为主要工作内容”的党建工作任务。在党组织数量偏少的社区中，打破驻区单位和社区空间限制，整合和共享社区党建资源，创新出根据片区、楼栋划分和党员分布情况灵活设置党支部和党小组的做法，吸纳有意愿的老党员、老干部、老教师及其他各行各业“能人”参与进来，及时收集社情民意，帮助解决群众临时性问题，提出合理化建议等，有效延伸社区党建触角和服务范围。

(3)“一体推进”激发社区发展动力

城市社区基层党建工作的顺利开展，要依靠各级党组织的自觉和制度的刚性约束。QS区根据社区党建地域性、整体性、系统性、融合性的特点，建立包括党建内容、载体、资源、管理考核等在内的“一体推进”党建格局。

第一，建立社区党组织交叉任职制度。QS区街镇党（工）委吸收驻区企业、机关单位党组织负责人为兼职委员，从社区民警、教师、公务员、企业员工、离退休群众、大学生中选拔热心社区发展的人才，担任社区党组织的班子成员或社区特约网格员，投入基层社区的党建治理工作中，共同参与社区公共事务，解决基层社区居民生活难题。

第二，建立社区党组织清单式管理制度。QS区综合考量党建、教育、医疗、文体等场所阵地、活动设施、人才队伍的供需情况，分别建立资源、需求和项目三份清单，在社区范围内进行需求、资源与能力的匹配对接，实现各类资源整合的高效联动。以项目化运作方式，梳理需要协同推进的供需任务，形成区、街镇、社区三级党建共建项目，由不同责任主体分块认领，形成各方力量共同推进的工作模式。①

第三，实行机关党组织和在职党员社区“双报到”制度。通过安排机关党组织和在职党员到社区“双报到”工作，将机关力量融入社区联合党委，借助机关资源优势，了解社情民意，通过完成一项微工作、参与一次微服务、认领N个微心愿等实际行动，帮助社区解决发展中的问题和难题，从而增强党员服务意识，当好社区群众、社区与各级党委政府沟通的桥梁和纽带，提升基层自治和社区共治水平。

社区党建工作网络的不断创新和完善，使包括“三社联动”在内的各项社区工作开展有了“主心骨”和“带头人”，特别是在2020年抗击新型冠状病毒肺炎疫情中积极发挥了战斗堡垒作用，在事关国家安危和群众生死的关键时刻，展现出社区党组织的硬核担当。

2. 搭建“三社联动”的社区平台基础

“三社联动”机制实施的一个重要前提，就是给“三社”主体提供一个宽松、便利、能发挥各自专业优势的平台环境和基础条件。B市政府深刻认识到这个问题的关键性和重要性，投入大量的资金和人力，加快弥补社区建设的历史欠账，着力完善社区软硬件设施条件，优化社区生活环境，夯实“三社联动”运行平台。

（1）重点打造社区服务平台

第一，建立完备的区、街道办事处、社区三级社会组织服务中心。其中，在区级层面，区级服务中心主要负责QS区专业型社会组织孵化培育、公益创投、社会筹资、数据分析、计划运行等工作；在街道层面，建立社区综合公共服务大厅，承接政府管理部门延伸到社区的行政管理事务和社区服务职能，并负责区域内多元社会组织的孵化培育，引导社会组织有序

① 探索实施“241”工作体系，推动城市基层党建纵深发展［EB/OL］.（2018-10-18）. http://dangjian.people.com.cn/n1/2018/1018/c420318-30348747.html.

参与公益服务供给；在社区层面，居民委员会协助政府及相关部门提供社区公共服务，通过多种渠道筹资，解决社区办公和服务用房不足的问题，成立社区服务中心，有针对性地为群众提供便民生活服务，让群众办理事务和反映诉求都能“找得到、少跑路、有回音”。

第二，依托社区服务大厅、社区服务站和社区老年日间照料中心等设施，积极推进“三社联动”服务工作平台，为开展居民自治服务、社会组织公益服务和社会工作者专业服务提供便利。QS区建成了中西部地区首家“三社联动”治理创新示范基地，辐射49个社区开展社会工作专业服务、社区治理创新服务、社会组织项目服务的三项特色服务工作，涌现了一批家喻户晓的社区治理和社区服务的特色项目，如“吐槽大会”“社区营造”“五位一体”民主协商物业管理等。社区综合服务设施覆盖率达到100%，为“三社联动”发展提供了有力保障。

（2）优先发展智能化社区服务

第一，在B市政府的大力支持下，QS区对智能化社区建设重点立项和加大投入，全力打造线上和线下无缝衔接的社区服务网络，为社会组织、专业社工、志愿者与社区居民的公共服务需求之间搭建了供需对接平台。例如，统一社区信息化建设技术和信息资源采集标准，全面推进社区信息化综合服务平台建设，并通过“12349”社区服务信息平台实现了社区居民服务需求与社会组织、社会工作专业人员、市场企业组织等主体的有效对接，初步形成了覆盖市区、街道、社区的三级社区信息化网络，实现各类生活服务信息的互联、互通、共享。

第二，从2015年开始，QS区政府总计投入近千万余元，高标准建设信息中心机房，在区、街道和社区上马了“五位一体”综合信息平台，初步实现了党建、“三社联动”、公共服务、志愿者服务和外来人口管理等五个方面信息的互联互通，有效破解了各类信息各自为战、碎片无章、缺乏整合的问题。例如，建立的党建信息系统，可以数字化统计分析党组织和党员的工作活动情况；“三社联动”信息服务系统，具备包括政务通、服务通、活动通、社区动态等功能，提供包括党员服务、社保办理、创业培训等 12 大类 120 项在线便民服务；公共服务综合信息系统，与社区现有的社保、卫生、民政、妇联、残联、公安等业务系统互联互通，基本实现了公共服务事项“前台受理、部门协同办理”；志愿者服务系统，为志愿者提供需求对接；外来人口管理系统主要涉及卫生健康服务、流动人口婚育证明、社保办理、创业就业培训等服务，可利用信息平台的大数据分析功能，密切关注社区流动人口情况，基本实现了矛盾化解在萌芽、服务递送到居民家中的效果。

第三，加强“四端服务”建设，打造便民、快捷和智能化的社区服务技术和服务网络。为真正打通宣传群众、关心群众和服务群众的“最后一公里”，QS 区积极推动智慧社区建设，为社区配备“三社联动”信息平台前端专用设备，重点建设 PC 端网站、手机端移动 App、电话呼叫中心和工作人员上门服务，全力打造“随时下单、快速回应、及时解决、有效跟踪、反馈改进”的服务平台。针对一些必须要到社区现场办理的业务，系统提供了各社区的地理位置分布图、路线图、办公电话和办公全景图，可便捷查询交通路线，方便群众快速与社区对接，在尽量让群众“少跑路”的同时，还在智能化、网络化的社区服务平台上详尽公布相关业务的办理程序、所需材料和预约时间等信息，避免群众“走弯路”，逐步实现居民办事由“群众带着材料跑”向“网络带着信息跑”转变。

QS 区着力建设社区服务设施，目的是打造智能高效的社区服务平台、社区社会组织孵化平台、社区议事平台和社区信息化平台。这样才能将“三社联动”的要素资源有效动员和整合起来，使“三社联动”机制具备运行起来的基础条件。

3. 积极培育社会组织

社会组织的参与是“三社联动”能够真正运行起来的关键。社区居民服务需求的满足和具体社区服务的提供，还需依靠社会组织实地操作。QS 区政府创新出“三级孵化、三位一体”社会组织培育模式，外引内培发展“枢纽型”社会组织，重点支持社区社会组织发展，并出台多项政策鼓励社会组织参与购买社会工作服务和社区便民服务项目，采取政府购买服务、设立项目资金、补贴活动经费等方式，加大对社区自组织、专业社会组织的扶持力度，逐步增强服务能力，促使社会组织助力社区治理服务格局的形成。

（1）搭建“三级孵化”社会组织发展体系

自2015年起，B市QS区着力建设社会组织在区、街道和社区的三级孵化体系，具体建立区级社会组织党建服务·孵化创业园、街道社会组织服务中心和社区社会组织服务站，为社会组织提供办公场所、党建指导、能力建设和资源对接等关键支持，逐步形成社会工作创业园、社会组织孵化园、社区志愿服务创益园“三足鼎立”的布局。

第一，打造区级社会组织孵化园，加强社区公益资源整合力。2015年7月，QS区正式启动运营“社会组织党建服务·孵化创业园”，为孕育型、萌芽型、初创型、支持型等社会组织提供办公场地、政策咨询、项目策划等专业服务。先后有9大类43家社会组织入驻孵化创业园，并着力培育孵化在养老服务、社会工作服务、青少年教育、灾害救援、公益慈善服务等领域有发展潜力的各类社会组织。

第二，建立街道层级社会组织孵化服务中心，做好公益服务对接枢纽工作。2017年，QS区8个街道结合辖区实际，建立起街道级“社会组织孵化服务中心”，以居民需求为导向统筹指导社会组织的培育发展，并促使其发挥承上启下作用。如倾力打造QS区创意园，引进多家公益协会和职业培训学校等社会组织，开展“废旧电子产品再利用”“老年人心理健康维护”等各种体验式项目，吸引社区老年人和青少年群体广泛参与，满足群众多元化服务需求。另外，不同的街道社区结合自身特点，有针对性地培育社区社会组织。例如，有的社会组织孵化服务中心结合所处社区鲜明的商业特点，利用社会组织资源丰富的优势，坚持“政府推动、组织承接，项目化运作、社会化服务”的原则，开展社会组织、新型党组织的双培育和双孵化；有的社区结合地理位置偏远、人员流动频繁的实际，打造社区级社会组织服务中心和街道志愿组织服务中心，按照“资源共享、项目合作、抱团服务”的工作思路，以凝聚引领社会组织和志愿者参与社区建设、助力社区发展为目标，创新构建“枢纽型”工作体系。现已入驻内蒙古红十字心理救援队、内蒙古蓝天救援队和 QS 区阳光义工等社会组织 14 个，志愿者服务队伍 33 支，为社区群众提供党员服务、为老服务、文娱服务、环保服务、流动人口管理服务、平安服务、救助服务等多项服务。

第三，打造社区层级社会组织孵化服务站，打通落地服务“最后一公里”通道。随着政府“放管服”改革的深入推进，2018 年 QS 区各街道平均孵化社会组织达到 80 余家，而且在 53 个社区全部成立“社会组织服务站”。每个街道依托社会组织党建服务 · 孵化创业园和“三社联动”治理创新示范基地，孵化和培育了“党建爱心公益汇”“老少乐园”“社区营造”“志愿爱里”“街镇三社协同中心”“公益街区”等服务品牌项目；对接和整合社区中各种资源，引导其开展专业性服务，具体包括家庭社工服务项目、老年社工服务项目、青少年社工服务项目、残障人士社工服务项目、志愿者培训服务项目、妇女社工服务项目、民政特色服务项目等，真正让居民感受到社区服务的可及性和可得性。

（2）创新“三位一体”社会组织网络

2018 年，在区—街道—社区“三级孵化”模式基础上，QS 区又首创了政府孵化主导、专业研究引领、公益服务带动的“三位一体”工作网络，培育了一批满足社区居民需求、具备专业服务能力的社会组织，而登记备案的草根型社会组织也由 2015 年的 130 家扩充到 2018 年的 798 家。具体做法包括：

第一，在培育孵化方面，通过开展政府购买服务、公益创投大赛、能力建设培训等方式，让有专业能力和发展潜力的社会组织脱颖而出，重点支持并促进其快速发展壮大。QS 区先后组织多次社会组织公益创投大赛，挖掘出一大批优质的社会组织公益项目，内容涵盖社区便民服务、为老服务、失独家庭精神慰藉服务、流动人口服务、关爱女性健康服务、关爱青少年成长服务、文体娱乐服务、社区民族工作和社区矛盾调解等领域，对切实可行、居民迫切需要的项目都给予一定的资金支持、优惠让利和专业培训，加速其成熟进社区，扩大服务受益人群。特别是在社区层面，引导居民委员会培育服务型、公益型、文娱型、科技型和互助型的社区社会组织，主动帮助办理备案手续，并在组织运作、活动场所等方面提供专项资助。

第二，支持专业引领，运用专业方式解决社区居民“急、难、愁、盼、怨”等问题。针对一些社区居民亟须解决的烦心事、操心事，如青少年教育、老年人生活照料、家庭和邻里矛盾、临终关怀和婴幼儿托管等，QS区政府充分依托专业社会工作服务机构，充分发挥其在困难救助、关系调适、行为矫治、人文关怀、心理疏导、征地拆迁、矛盾调处等服务方面的专业性和综合性技术优势，较为圆满地完成社区治理“任务”，确保了社区安宁和民族关系和谐稳定。

第三，公益服务带动，营造良好的社会组织发展氛围和环境。QS区坚持推动公益服务和志愿服务工作深入社区，借助公益服务的市场需求导向和灵活转型快、思路开阔等优势，整合各类资源开展公益活动，创新“1+3+3”公益服务模式，即依托一个“公益众筹平台”，通过专业社工、网格助工和志愿服务义工的“三工联动”工作模式，以众筹形式推进“邻里守望”活动，实现公益成本社会化分摊，激发居民参与热情，进而营造浓厚的社会组织发展氛围。

（3）重视社会组织党建工作

QS区政府在对社会组织发展加大政策引导和资金援助的同时，还重视党建工作对社会组织健康发展的引领作用。将成立党组织作为社会组织注册的前置条件，并在“抓组建、促规范、创示范、强活力”的整体思路下，帮助社会组织党组织建立健全“三会一课”、民主生活会、民主评议党员、党员目标管理等工作制度。实践中注重引导社会组织党组织建立工作责任制、党建目标考核制、党组织与业主沟通协商制度等，并采取单独、联合或挂靠的方式，实现社会组织党组织全覆盖。在社会组织登记、年检、评估、培育、培训时实现“五个同步”，抓实社会组织党建工作并走向规范化，引领社会组织科学发展。

（4）深化社会组织“内培”工作

QS区政府通过项目制方式和政府购买服务方式，积极支持引导社会组织参与社区治理。从2015年开始，QS区连续举办三届社会组织公益创投大赛，累计投入财政资金268.81万元，共支持12大类[①]129个公益社区服务项目落地。先后支持成立海霞工作室、银春工作室、益行社会组织服务中心、专业社工工作室等一批具有代表性的公益品牌；定期举办“三社联动”工作实务能力提升培训、社区治理服务社会动员能力建设培训、社会组织内部治理及项目运营优化培训、社会组织能力提升专题培训、社会工作嵌入式发展通才实务能力建设培训等；聘请“三社联动”督导，对社区工作者和外引内培的“三社”进行培训，对社区成立社会组织、社区“微实事”项目、社区内培的社会组织运营等方面进行全面指导，助力社会组织健康成长。这为社区居民提供多元化、个性化、专业化的服务奠定了良好基础。

4. 壮大社工人才队伍

社会工作专业人才队伍是“三社联动”的骨干力量，充分有效地发挥社工人才的专业作用，是“三社联动”走向成熟的重要标志。2007年，B市QS区被国家民政部确定为“全国首批社会工作人才队伍建设试点区”，2010年又被国家民政部正式命名为“首批全国7个社会工作人才队伍建设试点示范区”，这也是内蒙古自治区及国家中西部地区唯一一个被命名的城区，2013年获评“全国首批企业社会工作试点地区”“全国首批社会工作服务示范地区”。这些成绩和荣誉的取得，归功于QS区多年来推进“党建引领、三工互动、政校合作、民族共融”社工人才建设模式的不懈努力，也是从区情实际出发逐步探索出一条民族地区特色的社会工作人才队伍建设新路子。

---

① 从2015—2019年，QS区社会组织公益创投大赛入围项目的孵化，带动和培育了一大批认可度高、受居民欢迎的社区服务项目，现已形成社会研究、居家养老、应急救援、社会工作服务、青少年教育、流动人口服务、心理疏导、矫正人员服务等12大类较为成熟的公益项目。

（1）创出“三工互动”社区工作人才队伍建设模式

QS区在“三社联动”机制建设上，始终遵循“政府主导、社会参与、民间运作、群众受益”的基本思路，从搭建社会工作平台、加强人才队伍教育培训、发挥民办社工服务机构作用、拓荒启创社工实务等角度，创造性提出“社工为引领，助工为主体，义工为辅助”[①] 的“三工互动”模式。该模式主要通过政府购买服务岗位，为社区配备一定数量的专业社会工作者，同时针对专业社工人才数量相对短缺问题，发展社区助工，广泛招募和培训义工，来协助社区社工开展服务，形成“高校督导社工、社工引领助工、义工协助社工、群众参与义工”的良性互动格局，逐步构建起社区工作人才多层复合的梯次结构，为社区发展提供了人才支撑。

（2）助力社工服务机构，发展品牌社工人才

通过动员社会力量、开发社会资源、发挥民办社工服务机构功能和政府购买服务等方式，采取“政府主导推动、机构自主运作、社会多方参与”的联动机制，将部分专业社会服务职能委托诸如“汇美社工服务中心”等专业社工服务机构来执行和完成，使其从事政府兼顾不到的社区公共服务。与此同时，B市先后下发了有关政府购买基本公共服务、社区组织培育发展、社会工作专业人才培养选拔使用、社会工作“鹿城英才”等政策办法、实施意见和工作方案，率先在全市范围征集、寻找、评选“B市十大最美社工”，初步推行“以社工为示范，助工为主体，义工为辅助”的社会工作人才队伍建设模式，并在实践中探索总结了“党建引领、三工联动、政校合作、民族共融”模式。截至2018年底，QS区共194名社区工作者考取国家级社工证，占现有社区工作者的30%，有5名“中国最美社工”领军人才，6家自治区“草原英才”社会工作高层次创新团队，20名“鹿城英才”社会工作中高级专家和11家最具影响力社工机构

① 专职“社工”是指以助人为宗旨，运用专业知识和方法，进行困难救助、矛盾调解、社会慈善、社区建设等社会管理和服务工作。“助工”是指社区居委会干部和公益性岗位从业人员，承接了政府下移的社会管理和服务职能，是专职社工的有效补充。“义工”是对专业社工和助工队伍的有益补充，主要由志愿者转化而来，可以积极地引导和动员、组织和管理，发挥他们在宣传教育、帮扶救助、环境保护、维权服务等社会工作中的积极作用。

优秀项目的聚合集群，为推动地区社会工作品牌项目营造和经验模式传播工作再创佳绩。①

（3）建立“校社共建”社工人才培训实习基地

B市依托内蒙古科技大学、包头师范学院等高校，开展了专业特色督导和专业培训提升工作。截至2017年，培育发展了社会工作服务机构30个，打造了4家“草原英才”工程内蒙古自治区社会工作人才团队（专项推选类），并建立了内蒙古自治区高校社会工作、大学生社工、青少年社工等19个实训基地，② 建立了长期战略合作关系，为B市社会工作专业大学生提供实习场所。

4.2.2 B市KDL区“三社联动”做法

B市KDL区根据本辖区的社区条件和特色，在社区建设方面突破常规，积极探索社区治理创新路径。自2013年起，先后有12个街道办事处和65个社区全面执行《KDL区街道社区管理体制改革实施方案》，将街道办事处的公共服务职能及与之相关的行政事务性工作向社区下移，构建了“街道党工委领导、街道办事处统筹、居民服务站承接、社区居委会自治、社会组织广泛参与、信息化支撑”的新型街道社区服务体制。2015年7月，KDL区又被民政部确定为“第三批全国社区治理和服务创新实验区”，经过三年建设，创建了“两中心一平台”“一委三会”“双工联动”等特色的社区治理和服务创新模式，在社区治理体系现代化、社区服务多元化、社区智慧化等方面取得了一定成效。

1. 推行“三化、六好、三中心”社区党建工作机制

为了更好地发挥街道社区党建的统领作用，凸显“三社联动”中社区党组织的政治核心功能，自2017年以来，B市KDL区深入推行“三化、

---

① QS区“三社联动”多元融合社区治理模式实现新突破［EB/OL］.（2019-07-23）. http://www.qsq.gov.cn/information/qsq40/msg10794200791.html.

② 探索三社联动，丰富社工人才［EB/OL］.（2017-07-12）. http://www.baotou.gov.cn/info/1443/140949.htm.

六好、三中心”社区党建工作机制，有效推动了街道社区党组织聚焦主责、突出主业、优化职能，真正把工作重心转移到“抓基层党建、引领社会治理、提供公共服务”上来。

（1）推进“三化”建设，夯实社区党建基础

2017年，KDL区出台《关于以“三化六好”为总体目标切实加强街道社区党组织建设的意见》，从规范化建设、品牌化带动、精细化服务方面，深入落实全面从严治党向基层社区延伸的重要部署。

第一，加强基层社区党建工作规范化建设。围绕党建制度、场所设置、经费管理、服务内容、台账档案和队伍建设等，分类细化33项具体标准，使78个社区党组织定有标尺、干有方向。所有社区全部按照“一厅、五室、两中心”的标准设置，悬挂社区党建标志，使社区成为凝心聚力的“主阵地”。定期召开党建工作会议交流情况，有效解决社区党建规范化建设中遇到的难题。

第二，推动党建项目品牌化管理。按照每个街道打造1~2个示范社区的原则，打造出50个有特色、品牌化、叫得响、硬件设施一流、软件管理过硬、居民满意度较高的示范社区，并与QS区的20个精品社区结对共建，创新建立“跨区域党建互动共建”模式。重点突出不同社区的特色优势，以落实“双联系”工作①、群众工作室等系列品牌活动为引领，积极打造出“周四议事厅”“李书记24小时服务热线”“丽华说事点”“小巷总理信箱”“物业治理议事会”等议事、服务、党建文化品牌共70多个，形成“一社区一特色，特色中出精品，精品中出品牌”党建管理态势，以点带面促进基层社区党建工作水平的整体提升。

第三，推动面向基层社区的精细化服务。KDL区着力健全完善“党建工作联抓、党员教育联管、社区事务联办、社会维稳联防、基层组织联建”的共驻共建服务机制，引导辖区单位党组织、社会组织党组织和社区党员积极参与社区治理。以开展社区党组织服务群众的专业化工作为抓

① 党建“双联系”工作，即“支部联系街道、党员联系社区”。

手，全面实施“社区党组织+专业社会组织+社会工作者”的“三社联动”服务模式，打造了“郭孝红社会工作服务中心”“居民素质拓展中心”等90个服务群众的专业化项目，受到群众好评。

（2）创建“六好”社区党建体系，提升服务社区能力

“领导班子好、干部队伍好、阵地建设好、服务载体好、制度机制好、工作业绩好”是KDL区创建社区党组织的“六好”标准，并以此为目标建设坚强有力的社区领导班子，打造本领过硬的骨干队伍，在完备服务场所和优化制度机制上狠下功夫，进一步推动社区治理和服务水平的提档升级。

第一，建设功能完备的服务场所。KDL区将抓党建工作场所的标准化改造作为着力点，在13个街道各打造一个高标准党建服务中心和一个以上的社区级示范党建服务中心。以城市综合体建设为抓手，推动城市管理、环境监察、工商企业办证、公安、综治等部门职能下沉到一站式的社区服务管理站，满足群众对精细化服务的需求。

第二，打造形式多样的工作载体。以“三化”为终极方向，建立区、街道和社区的“三级联动、三级统筹”城市基层党建架构，构建起纵向到底、横向到边的基层党建工作格局，设置“1+N”党组织模式。其中，“1”即强化党委整体功能，“N”即统筹辖区内驻区单位、社区、新兴领域等各类党组织，推动传统社区党建与驻区单位、新兴领域党建融合。在区级层面，通过整合资源成立地区党建联席会，每年召开地区党建联席会年会；在街镇层面，实行“大工委”工作制，全区13个街道全部建立以街道党工委为核心的“区域联合党工委”；在社区层面，优化组织设置，78个社区普遍组建以社区党委为核心的“社区联合党委”，建立“社区党组织—网格党支部—楼栋党小组”三级党组织网络，将区域内所有组织纳入整合范围，实现区域内党组织工作和党员作用发挥的全天候覆盖。

第三，优化党建工作机制。落实基层党建工作责任制，健全区委、街镇党（工）委书记抓党建工作专题述职制度，接受党代表或群众代表的监督测评，加大党建工作考核权重。严格社区组织经费管理使用，将社区办

公经费、党组织活动经费全额列入财政预算并足额拨付，全区78个社区年均达到7万元以上。认真落实“党务、居务、事务、财务”四公开制度，指导社区每季度通过室外公示栏对本季度工作情况进行公开，对群众反映的意见和提出的疑问及时做出解释和答复，切实保障居民群众的知情权。同时，采取适当方式对社区干部的工作进行群众满意度测评，测评结果纳入社区干部年终综合考评分值。

（3）建好“三个中心”，强化服务群众功能

KDL区先后出台《关于加强KDL区城市基层党建工作的意见（试行）》《关于以“三化六好”为总体目标切实加强街道社区党组织建设的意见》《关于深化“三化六好”改革进一步将街道社区建设成为领导引领服务基层“三中心”的意见》，以提升城市基层社区党组织的政治功能、文化功能、服务功能为主要目标，使社区真正成为领导引领服务基层的政治中心、文化中心、服务中心。

第一，强化街道社区党组织在团结群众方面的作用，建设领导基层各方面力量的政治中心。以提升组织力为重点，突出政治功能，加强街道社区党组织宣传党的主张、贯彻党的决定、领导基层治理、团结动员群众、推动社区发展的职能。开展党建“亮灯”工程，在全区78个社区统一悬挂党旗和“为人民服务”标识，体现“党建引领社会治理”理念，彰显服务人民宗旨，打造社区共治新格局。

第二，强化街道社区党组织在培育先进文化方面的作用，建设引领基层树立“四个自信”的文化中心。由社区党组织引领，推动社会主义核心价值观融入生活，确保综合性文化服务中心发挥基层意识形态阵地建设管理作用，为居民提供精神指引，推动习近平新时代中国特色社会主义思想深入人心。建成了B市首个党建文化主题公园，打造了13个党建主题景观，将党建生活与社区居民生活相融合。

第三，强化城市街道社区党组织在服务群众方面的作用，建设服务基层、便民利民的服务中心。积极搭建各类服务平台，社区干部采取上门走访、开设社区论坛、建立民情信息站等形式，了解和掌握社情民意。建立

“智慧党建”应用平台，结合移动应用端，构建了PC互联网和手机微信的“双系统”同步运行模式。依托信息中心、党务管理、党员管理三大模块，打造互联网党建阵地，实现线上和线下组织活动同步运行。

2. 创建“两中心、一平台、三化互动”的社区服务新机制

KDL区作为第三批“全国社区治理和服务创新实验区”，紧紧围绕“探索西部地区街道社区治理体制改革”的实验主题，从源头上改进社会治理体制、回应群众关心的难点问题。2016年，KDL区在全国率先推开“两中心一平台”改革，即建立公共事务受理服务中心、社会治安综合治理中心和社区信息化平台，创建社区治理服务的“一口化服务、多元化治理、智慧化支撑”新机制，将街道辖区的公共事务受理服务和社会治安综合治理职能向中心社区集聚，并依托信息化平台推进两大职能向现代化转型，从根本上解决联系群众、服务群众的“最后一公里”问题。“两中心、一平台、三化互动”的社区服务治理新机制已成为B市社区建设的一大亮点，成功入选“全国基层改革创新优秀案例”，也是内蒙古自治区唯一的入选案例。

（1）依托社区中心站，打造“一口受理”服务机制

KDL区在完善市民大厅服务功能的基础上，进一步总结街道社区治理体制改革经验，先后出台了《街道社区管理体制实施方案》《关于推进社区公共服务综合信息平台建设的指导意见》和《KDL区推动“三社联动”工作机制实施方案》等一系列制度措施，推动公共事务受理服务职能下沉到中心社区，设置公共事务受理服务中心，建立居民办事一门式、窗口受理一口式的“一口受理”机制。

第一，公共服务下沉零距离，社区服务中心直接受理。为解决居民在区级市民服务大厅办事人数多、排队时间长、奔波距离远的问题，KDL区在每个街道均设立一个社区中心站，对《“一口受理”服务项目》中的公共事务内容进行集中受理，而且每个中心站还设置3个对口服务窗口，每个窗口都可集中办理公共事务，其他65个居委会还设有代办点，方便非中心社区中行动不便、年老体弱的特殊居民办理相关事务。尽管每个社区中

心站的服务窗口不多，但是后台却配备了至少 10 余名办事人员，可以集中办理 79 项行政事务，实行前台分流、后台办理。① “一口受理、两级代办”的工作模式，有效简化了公共服务事项的办理手续，缩短了居民办理时间，同时分流了区级市民服务大厅业务量，方便了社区居民，提高了服务效率。

第二，实行部门信息互通零距离、标准对接和资源共享。按照统筹规划、需求导向、全面推进的原则，扎实加强信息共享、互联互通、数据安全管理机制建设，打通民政、社保、就业创业、卫生、重大突发事件预警防控等业务信息渠道，统一服务事项、服务流程、服务规范和工作制度，加强受理服务中心的规范化建设，努力让每一个窗口的工作内容都实现标准化操作。

第三，实行特殊代办零距离，增强干群间的互信感。对于非中心社区行动不便、年老体弱等特殊居民，设立 65 个居民代办点，由社区干部和服务站工作人员到社区服务中心为居民代办公共事务。通过此项工作，减弱了智能信息化时代弱势群体“数字鸿沟”的不利影响，有效增强了干部服务群众的责任感，提升了群众对干部的信赖度，进一步增进了干群间的互相信任感，融洽了干群关系。

（2）引入社会治安综合治理中心，整合各种治理要素

KDL 区坚持问题导向，注重提高基层社会治理主体的协同作战能力和协调能力，先后出台《街镇社会工作联动联治联调工作制度》《街镇平安联创工作制度》《街镇治安联防工作制度》等文件，整合公检法司等资源，引入社会组织力量，健全楼栋网格网络，把各种治理要素整合到街道社区，实现全要素聚集，推动多元化治理。

第一，公检法司进驻，打造法治社区。按照“铁打的综治中心，流水的派驻人员”工作理念和“5+X”设置模式，将街道综治办下沉到中心社区集中办公。公检法司派员进驻，作为联动协作单位参与一体化运作，成

① 两中心一平台三化互动，创建社区服务治理新机制［EB/OL］.（2016-12-30）. http://theory.people.com.cn/n1/2016/1230/c401815-28990214.html2016-12-30.

立集群众接待室、指挥调度室、矛盾纠纷调处室、法务室、警务室和X个特色工作室为一体的综治中心，搭建全面依法治理的社区平台。重点以综合执法机制整合各部门执法力量，对治安重点场所进行整治，解决单一执法不能完成的整治任务；以法务室为依托，通过多元矛盾纠纷化解机制，发挥行业调委会、专业性社会组织的优势，解决各类矛盾纠纷；依托警务室构建公共视频网络，建设地域性群防群治队伍，实现邻里守望，共享平安。通过开展法制宣传、法律咨询、法律援助、平安创建、社会治安综合治理、依法排查化解矛盾纠纷等工作，把法治社区创建落到实处。

第二，社会组织常驻，打造自治社区。KDL区出台《推进社会组织建设创新示范工作实施方案》等政策，推行社会组织的“三级联动”和“两级登记”制度，引导和释放社会组织发展潜能，重点打造矛盾化解、家庭服务、精神慰藉、为老服务、社区文体等五类社区社会组织，促使社区社会组织有针对性地实现井喷式增长。

第三，干部群众巡驻，打造网格社区。按照“网中有格、格中有人、人在格上、事在格中”的管理模式，居民区按400户为单位划分网格，落实了网格工作责任制。组建了由网格员、社区民警、社区党员等组成的网格管理员队伍，实行“一格一员”或“一格多员”机制。同时，将网格管理员划分为一级网格员和二级网格员，一级网格员由街道党工委成员、辖区派出所和综治办工作人员组成，每人分别联系3~4个网格，二级网格员由社区治保人员、物业管理人员、楼栋长等共同组成。[①] 这两个层级的网格员共同开展网格内的政策宣传、社情民意调查、环境卫生、矛盾排查、矫正帮教、消防安全、文明创建等基础工作，第一时间掌握社情民意、化解矛盾纠纷、响应服务需求、追踪办理结果，把服务延伸到社区居民家中。

（3）搭建信息化综合应用平台，实现社区服务的智慧化支撑

为实现社区治理服务便捷化、智能化和精细化，KDL区出台《关于推

① 两中心一平台三化互动，创建社区服务治理新机制［EB/OL］.（2016-12-30）. http://theory.people.com.cn/n1/2016/1230/c401815-28990214.html.

进社区公共服务综合信息平台建设的指导意见》，率先开展社区公共服务综合信息平台建设工作，创设智慧社区信息系统和综治信息化系统等信息化综合应用平台，逐步推行社区公共服务事项的一站式受理、全人群覆盖、全口径集成和全区域通办，从而实现效率提高、群众方便、科学调度的目标。

第一，推动多系统共享和社区治理的智慧化。2017年，KDL区投入500万元启动资金，开发智慧社区信息系统和综治信息系统，通过建设“一库、二平台、六应用”，搭建社区居民与社区工作人员信息化互动平台。将公共安全视频监控、综合治理视联网系统和“9+X”综治信息系统以及交通、报警等信息采集进行整合，提升重点行业、领域和公共区域视频监控覆盖率,① 推进综治信息的跨行业、跨部门的指挥调度、分析研判、应急处理、服务管理，以及综治信息和社区信息的互联互通等业务可视化、智能化、扁平化。

第二，推动社区信息联络沟通的智慧化。充分运用热线电话、微信平台、手机终端等手段搭建微社区等联络系统，申请法治社区微信公众号和微官网，整合相关部门的网络资源，打破时空限制，即时为社区居民提供法律和政策宣传等公共服务，对群众诉求进行受理和反馈。社区居民可通过移动端实现便民服务机构、业务办理指南、政策法规等查询服务，以及生活困难和问题的上报或对工作投诉等。工作人员可以通过移动端和服务端进行人口信息采集、问题实时解决等业务办理，并通过移动端与服务端的对接，实现服务端与移动端人口信息的同步更新。

第三，积极推动社区养老智慧化。按照“政府主导、企业运营、市场运作、惠及百姓”的思路，立足本地实际，建设“一线、一院、一站、一

---

① KDL区构建社区服务治理新模式［EB/OL］.（2017-7-13）. http：//www.baotou.gov.cn/info/1144/140973.htm？security_ verify_ data.

中心、一组织”① 的社区居家养老服务新模式，并利用先进的互联网、云计算、可穿戴等新一代信息技术手段，打造社区15分钟为老便民服务圈，构建“智慧养老”社区服务体系。特别是开通“12349”便民为老服务热线，为本区23万名老人录入基本信息、建立健康档案，发展有资质、信誉好的后台服务企业620家，提供10大类72项为老助老服务，如通过引进“电话医生”项目实现社区居民与上海医生的远程就医，为老人提供智慧养老服务，全力打造全国智慧养老示范点。②

3. 构建“一委三会”社区民主协商模式

为充分调动社区居民参与社区治理的主动性和积极性，高效化解社区居民生活中的难题和矛盾，KDL区出台《关于加强城乡社区协商的实施意见》，于2017年率先提出“党委组织领导、居委会实施、民主议事会协商、监事会监督”的“一委三会”社区民主协商治理模式，逐步形成了制度化、规范化和程序化的社区民主协商机制。

“一委三会”的社区协商基本架构由居民议事委员会、居民监督委员会、居民委员会组成。其中，居民议事委员会是在社区党委（或党组织）的领导下行使决策权，居民监督委员会行使监督权，居民委员会则负责执行，权力三分，互相制衡。该模式主要是通过“社区问题大家议、社区决策大家定、社区事务大家办、社区服务有监管”的方式，不断提高居民的议事协商能力，监督委员会的作用不断增强。目的是进一步明晰社区自治权力的划分，让社区治理方式从“为民做主”向“由民做主”转变。

① KDL区整合利用社会资源，建设“一线、一院、一站、一中心、一组织”的五位一体居家养老新模式。其中，“一线”是指“12349”便民为老服务热线。老年人在家拨打“12349”服务热线电话就可以享受24小时养老院标准的居家养老、紧急救助、生活便民等服务；“一站”是指社区日间照料站。建设具有托管功能的日间照料服务中心，委托专业化的社会组织运营管理，为老年人提供上门送餐、午间照料、康复理疗等特色服务；“一中心”是指社区医疗服务中心。组建专业的医疗护理队，依托专业的社区医院等医疗机构资源，发展延伸医疗托老服务，将空闲的病床用于医疗托老，满足社区老年人就近看病、护理等需求；“一组织”是指购买各类社区社会组织服务。建设各类社区服务社会组织，依托社区为老年人提供就近服务。

② KDL区新模式让老年人晚年生活更幸福［EB/OL］.（2020－01－21）. http：//www.baotou.gov.cn/info/1448/122914.htm.

KDL区的社区民主协商模式创新，实现了社区议事机构和监督机构的常设，凸显了社区党委领导、居委会自治，推动了社区从传统管理向现代社区治理的转变。

“一委三会”社区协商模式改革，推动形成了“党委领导、议事委员会协商、居民委员会实施、监督委员会监督”的社区协商工作格局，成为化解居民矛盾、畅通民事诉求通道、加强基层民主建设的重要平台，也为规范社区各项事务的办事程序提供了保证，有利于提高办事效率和改善社区服务质量，更重要的是激发了群众参与社区民主管理的热情，维护了社区基层稳定和各民族关系的和谐。截至2018年底，已在KDL区42个社区全面推开了社区协商工作，召开协商会议338次，处理社区矛盾315起，参与人数5223人次，[①] 实现了社会共治、群众参与、上下对接、客观公正的良性互动。

4. 实施社会组织“三级联动”的分层培养机制

KDL区在培育社会组织的过程中，采取区、街道、社区“三级联动”“两级登记”的工作机制，并以政府购买服务的方式，引进B市益行社会组织服务中心，成立了内蒙古自治区首个社会组织孵化园，建成区级孵化园、街道孵化中心和社区级促进会的“三级联动”分层培育机制。同时，实行社区社会组织零门槛登记，并为其提供场地支持、资金扶持、能力培训、专业咨询等服务，有力推动了社会组织的发展壮大。

（1）重视社会组织党建工作

KDL区创建社会组织及其党组织的“双孵化机制”，制定社会组织党建工作10项基本制度。动态排查辖区内各类新兴组织，通过单独组建、联合组建、挂靠组建、派驻帮建等方式，使新兴组织与党组织双孵化，实现同步组建、同步发育、同步成熟，已在有党员的105家社会组织中全部建立了党组织，实现应建尽建，其他社会组织全部选派了党建工作指导

① 闫静．召唤新使命，谱写新篇章——KDL区社区治理和服务创新工作综述［N］．包头日报，2018-08-08（005）．

员，实现了党建工作全覆盖。

（2）降低“备案登记”门槛，建立区—街—居“三级联动”机制

KDL 区率先在内蒙古自治区范围内推行社会组织备案登记制，即实施社会组织区级直接登记、街道级备案登记的“两级登记”工作机制。政府专门出台了《KDL 区城乡社区社会组织备案管理实施办法》，授权街道办事处对社区社会组织进行备案管理，对尚不具备登记条件，但活跃在社区内的各类社会组织实行零门槛登记，同时放宽其办公场所、会员人数、注册资金等条件。实行行业协会商会类、公益慈善类、科技类、城乡社区服务类、文娱类、体育类等 6 类社会组织由民政部门直接登记，优先鼓励公益慈善类、便民服务类社会组织发展。还通过建立区—街—居“三级联动”分层培育机制、社工—社会组织—社区“三社联动”机制，促使社会组织深入参与社区公共服务的专业化供给中，进而使社会组织发展壮大。截至 2018 年底，KDL 区已建成 1 个区级社会组织孵化中心，1 个区级公益创投园，8 个街道社会组织服务中心，36 个社区社会组织促进会，发展正式注册的社会组织 372 家，街道备案的社会组织 1380 家，平均每万人拥有社会组织 22.5 个，接近发达地区水平，成为西部少数民族地区社会组织拥有量领先地区，[①] 为内蒙古地区社会管理服务改革创新提供了有力支撑。

（3）投资建立孵化园，帮助社会组织快速成长

2014 年 3 月，KDL 区投入近百万元建设社会组织孵化园和社会组织党组织孵化园。孵化园为入驻的备案社会组织无偿或低偿提供政策、项目、场地、经费等支持，结合社会组织的具体情况与需求进行“私人定制”辅导计划，有针对性地帮助落户孵化园的社会组织获得专业服务和支持。入驻的备案社会组织需完成“孵化—培育—出壳”两年的孵化期过程，以帮助社会组织健康成长。另外，KDL 区还建立起完整的社会组织 A 级评估体系，“以评促建”使社会组织发挥最大力量，该体系也成为政府购买社会服务的标准依据。2014 年，KDL 区荣膺“全国社会组织建设创新示范区”

① 改革创新促服务，凝心聚力惠民生［EB/OL］.（2018-08-23）. http：//www.baotou.gov.cn/info/1144/176992.htm2018-08-23.

称号，全面推进“三社联动”机制有了更为强劲的组织活力。

（4）政府积极探索购买公共服务，促进社会组织成熟发展

2008年，KDL区就已开始探索政府向社会组织购买公共服务的项目化运作方式，并连续6年每年投入30万元购买社区为老服务。2014年，KDL区率先出台了《关于KDL区政府购买社会组织公共服务的实施意见》，投入100万元用于购买社会组织服务，涉及老年和青少年社会服务、外来人口服务、婚姻家庭服务、社区卫生整治等五大领域，具体包括家庭社工服务项目、老年社工服务项目、青少年社工服务项目、残障人士社工服务项目、志愿者培训服务项目、妇女社工服务项目和民政特色服务项目等七个服务项目。2015年，KDL区政府继续投入150万元在民生保障、社会治理、行业管理、公益慈善等领域购买社会服务。到2016年，政府购买服务专项资金投资增长到200万元，除了购买居家养老、社区卫生保洁、婚姻调解、志愿者培育、社会组织孵化、公益创投等领域的公共服务外，还首次购买了专业社工服务。在KDL区社会组织孵化园孵化培训的社会组织中，有17家承接了内蒙古自治区民政厅17个购买服务项目，总资金达76万元，其中60%以上的项目是为老服务。2018年，在内蒙古自治区民政厅政府购买服务项目中，B市共有29家社会组织中标承接，中标金额达440万元，其中KDL区就有20家社会组织的项目立项，具体涵盖社区老人居家养老、社区社会工作服务和社会组织孵化园运营三大类。另外，在街道社区培育的生活服务类、公益慈善类、居民互助类、科技类、社区服务类等五类社区社会组织中，有三类社会组织具备提供为老服务的能力，其余几类可为居民提供日常修理、文体娱乐、医疗卫生等就近服务，社区为社会组织发展提供了广阔舞台，社会组织为社区工作注入了强大活力。

5. 推行“双工联动”，为“三社联动”提供人才支撑

KDL区持续重视社会工作专业人才队伍建设，特别是对社会工作领军人才和高端人才加大扶持力度，广泛推行社工+义工（志愿者）的“双工联动”机制，充分发挥社工专业优势和志愿者的精神引领与人力资源优势，全方位培养了一批社区工作人才。2009年，KDL区被民政部确定为

“全国第二批社会工作人才队伍建设试点地区”，2013 年又被民政部确定为“全国首批社会工作服务示范地区和社区”，全面助力“三社联动”的人才队伍建设。

（1）培养民族特色社会工作专业人才

为了拓展社会工作服务民族工作的深度和广度，促进社会工作者在民族融合和民族团结方面大有作为，KDL 区在社会福利机构、社区、学校、医院、企业等重点领域积极开展各具特色的社会工作实务，打造了“民政社工服务”“司法矫正服务”“为老服务”“社区残疾人康复服务”等社会工作实务示范点，并与高等院校合作建立社会工作实训基地，全面培养特色专业社会工作人才队伍，逐步增强其服务少数民族基层组织和少数民族群众的能力。另外，KDL 区根据各个社区的特点和居民的紧迫需求，全方位、宽领域培养社会工作专业人才，凸显社区服务特色。例如，针对孤寡老人比较集中的社区，从居家养老服务入手，专业社会工作者为孤寡、独居和失独老人家庭量身定制服务计划，通过社会心理治疗技巧等方法调节老人心理，定期聘请心理咨询专家、健康养生专家为老年人免费服务；针对少数民族群体聚居的多民族社区，结合少数民族居民数量多、关系复杂的实际，专业社会工作者积极与民族宗教事务局、司法局和公安局联手打造具有本地特色的“少数民族服务中心”“少数民族法律援助中心”“少数民族流动人口服务中心”，为少数民族群众的生活问题提供专业指导和“一对一”服务。此外，KDL 区政府还通过项目招标和委托等多种形式，购买专业社会工作机构的为老服务和青少年儿童专项服务，逐步完善政府向民办社工机构购买服务的长效机制。

（2）培养社会工作领军人才和高端人才

作为全国第二批社会工作人才队伍建设试点地区，KDL 区坚持以品牌力量带动社工发展，加快推进社会工作的职业化和本土化进程。分类培育出了“社会工作发展中心”“心理社工咨询培训中心”“汇美社会工作服务中心”“郭孝红社会工作服务中心”等多个叫得响、立得住、群众认可的社区机构品牌，培养出一批以傅钰、郭孝红、夏美玲、刘海清为代表的社会工作领军人才。与此同时，KDL区以“提高专业理念、提供专业服务”为重点，强化社会工作者的专业技能和知识培训，着重培养高端社工人才。例如，组织民政、教育、卫生、司法、街道、社区等单位的工作人员先后到广东、江浙等地进行实地考察，学习和借鉴先进社会工作经验；充分利用驻区高校资源优势，邀请高校专业教师授课讲座，举办社会工作专业知识培训班，并在全自治区范围内率先开展了社区干部评聘社会工作职称工作。截至2018年底，KDL区拥有本土社工机构44家，国家级社工师108人，分布在民政、科技、老干部等社会事业单位、各街道社区以及各社工机构。①

（3）改革社会工作专业人才培养、选拔和使用机制

为打造一支结构合理、素质优良、适应本地社会发展的社会工作专业人才队伍，KDL区率先在B市开展了社会工作专业人才培养选拔使用改革试点。在社会福利、社会救助、社会慈善、残障康复、优抚保障、社区建设、司法矫正、教育文化、卫生保健等重点领域，围绕社会工作岗位设置、社会工作专业人才培养体系、社会工作者职业水平评价体系、公共财政支持体系、社会工作专业人才引进选用机制、公益服务类事业单位和城乡社区公益类社会组织建设等七项工作，重点开展人才支持体系完善的改革试点，为民族地区社会工作专业人才的职业化、本土化和专业化发展提供制度体系保障。

B市基层社区治理创新实践中，QS区和KDL区先行先试，在结合本地社区特点和发展实际的基础上，以满足居民需求为导向，积极探索多种形式的“三社联动”运行机制，将重心放在社区平台打造、社会组织孵化、社工专业人才培养方面，再以项目制或政府购买服务方式，将“三社”资源整合起来、行动协调起来，努力促使社区服务水平有提升、社区居民有获得、社区自治有变化、社会普遍有认同。这其中有成功的经验需要推广，也有些失败的教训亟待汲取。

---

① 招才引智打造人才集聚新“磁场”［EB/OL］.（2019-08-26）. http：//www.baotou.gov.cn/info/egovinfo/1001/01xxgk/copy_ 2_ xxgk_ nry/011539802/2019-00040.htm.

5　民族地区“三社联动”实践
——内蒙古 B 市的成效和经验

B 市长期不懈、认真贯彻落实国家和内蒙古自治区关于社区治理创新的决策部署，紧紧抓住“全国社区治理和服务创新实验区”的建设契机，全面围绕打造共建、共治、共享社区治理格局的目标，一手抓城市基层社区治理体制机制改革，一手抓社区服务质量建设，以“三社联动”试点为牵引，积极探索符合民族地区城市特点的基层社区治理新路径，着力提升社区治理社会化、法治化、智能化、专业化水平，逐渐形成具有民族地区特色的城市社区治理经验和模式，获得了国家和自治区的肯定和推广。

5.1　内蒙古 B 市“三社联动”的突出成效

5.1.1　基层社区党组织建设得到强化

在实施“三社联动”社区治理创新过程中，B 市始终坚持“党委领导”的核心原则，紧抓街道社区党建工作不放松，深入落实全面从严治党向基层社区延伸的重要部署，创新出社区党建“两力驱动、四级统筹、一体推进”管理服务体系和“三化六好三中心”党建工作机制，较好地发挥了街道社区党组织的政治核心作用和服务群众功能。

1. 形成了党建引领社区治理工作新机制

党的十八大以来，B 市党委和政府深入学习贯彻习近平总书记系列重要讲话、考察内蒙古重要讲话精神和治国理政的新理念、新思想、新战略，积极响应中央、自治区党委关于加强城市基层党建的战略部署，把抓实城市基层党建引领社会治理创新作为推进“鹿城先锋”工程的重要内容。在抓好城市区域共驻、共建、共创、共治的同时，以开展社区党组织服务群众专业化试点工作为抓手，主动适应城区社会群体结构和社会组织架构的变化，积极树立城市全域党建工作理念，按照“五化一评”[①] 的工作运行机制创新工作载体，以区域化党建为平台，实行“社区党组织+专业组织”工作模式。[②] 推动建立了“区域统筹、资源整合、优势互补、共建共享”的党建引领社区治理工作新机制，提升了社区党组织的群众满意度，强化了党组织在社区治理中的统筹协调作用，推进了社区服务能力建设，进一步夯实了党在城市基层的执政基础。

2. 加快了基层社区党建工作的规范化、精品化和精细化建设步伐

街道社区党组织建设是社区治理的“龙头”，是领导和支持区域内各类党组织健康发展的核心。B市政府深刻意识到传统社区党建工作的不足，为了使自身成为有公信、有威望、有号召力的坚强领导核心，重点在党建制度、党员队伍建设、场所设置、经费管理、服务内容、台账档案等方面进行标准化分类和统一性设计，并细化了工作流程和办事程序，建立了社区“群众议事室”和矛盾化解长效机制，使社区党组织在“三社联动”中的责任有标尺、行动有方向，较大程度地改变了以前基层党组织政治功能偏弱、团结凝聚群众作用不强的局面。特别是在注重突出不同社区特色优势的基础上，积极推动党建项目品牌化建设，打造出“创新组织设置”项目、“党的关怀”项目、“双服务双认领”项目、“3+X四方共议”项目、“额吉家园”项目、“青创联盟”项目、“蒲公英儿童家园”项目、“邻里亲情”项目、丽华说事点、周四议事厅、郭孝红工作室、“小巷总

---

① “五化一评”工作管理机制，具体是指“需求化研判、组织化实施、专业化服务、项目化运作、品牌化管理和群众评议”。

② 打造“鹿城先锋”引领社区治理创新［EB/OL］. http：//www.baotou.gov.cn/info/1448/143227.htm，2020-01-21.

理”信箱、社区金点子、李书记24小时服务热线、物业治理议事会等党建文化、议事服务品牌70多个。B市整体社区党建形成了“一区一特色，特色中出精品，精品中出品牌”的良好工作态势，较大程度地改进了基层党组织服务社区居民的主动意识和服务质量，拓宽了服务形式和服务范围，进一步细化了工作流程和办事程序，在服务群众专业化、精细化水平方面有很大提升，社区服务工作更为规范系统，街道社区发展的各种疑难问题解决更加快速有效。

3. 打造了多种党建工作载体和工作形式

通过不断健全完善“党建工作联抓、党员教育联管、社区事务联办、社会维稳联防、基层组织联建”的共驻共建服务机制，引导辖区单位党组织、社会组织党组织和社区党员积极参与“三社联动”服务。建立了“三级联动、三级统筹”城市基层党建架构，构建起纵向到底、横向到边的城市区域党建工作格局。在区级层面成立了地区党建联席会，并连年召开地区党建联席会年会；在街镇层面实行“大工委”工作制，全部建立以街道党工委为核心的“区域联合党工委”；在社区层面普遍组建以社区党委为核心的“社区联合党委”，建立“社区党组织—网格党支部—楼栋党小组”三级党组织网络，基本实现了区域内组织工作和党员作用发挥全覆盖。我们在实地调研访谈中发现，社区居民对街道社区党组织在收集居民利益诉求、畅通意见表达渠道、促进服务快速落实和跟踪了解服务成效等方面的工作满意度达到了98%以上，表明街道社区党组织在基层群众中的感召力、凝聚力和向心力显著增强。

4. 社区党建工作更加符合基层要求、贴近群众

“三社联动”聚焦的社区发展中的细小琐事，对社区居民而言是涉及切身利益的大事、实事、着急事。“喊口号、立牌子”的表面工作要不得，让老百姓真真切切地得到“实惠”，才能起到凝聚人心、获得群众拥护的效果。B市党委政府站在新时代以人民为中心、以人民利益为落脚点的战略高度，切实加强对街道社区党建工作的领导，积极构建“领导班子好、干部队伍好、阵地建设好、服务载体好、制度机制好、工作业绩好”为标准的社区党组织。通过下派街道干部、公开选拔招聘、机关单位挂职等方式，打造本领过硬、党性较强的社区党建骨干队伍。在社区党组织书记、副书记等“带头人”队伍建设上选优配强，组织和协调社会组织、驻区单位、专业社会工作者来化解多年堆积的社区矛盾，认真解决社区居民身边的“急、难、愁、盼、怨”等问题，严格落实基层党建工作责任制和群众监督机制，真正让老百姓对社区党建工作“看得见”“摸得着”，极大地改变了人民群众对传统社区党组织工作总是“飘在空中”“远离群众”的消极看法。此外，全面加强了社区联合党委对辖区内地域性、群众性、社会性工作的负责领导，实现了街道社区党组织的思想观念、工作方法、活动方式向区域型、服务型、专业型转变，使街道社区党建工作更加注重求真务实、贴近实际、顺应群众需求。

5.1.2　“三社联动”机制框架基本成型

“三社联动”机制运行必须有章可循，在何种社区议题上该由哪些主体“联”、采取何种方式“动”需有一定的技术性和科学性要求，这依赖于“三社联动”机制框架、规则和规范的形成。B市QS区和KDL区“三社联动”机制经过多年试点实践，逐渐形成了一套相对稳定的机制框架，并逐步在内蒙古自治区其他城市推广应用。

1. 构架了“三社联动”社区服务平台

（1）创新了“一口受理、两级代办”社区服务模式

自2011年起，B市结合本地社区发展实际，按照“扁平化体制、下沉式职能、网格状管理、全方位服务，下评上机制”的社区治理模式创新路径，积极推行“精街道、强社区、促服务”管理体制改革，已由“一委一站一居”模式过渡到“一委一站多居”模式，再发展到目前“一口受理，两级代办”模式，体现出社区服务平台建设的与时俱进和不断创新。

在社区党委核心领导下，通过组建社区服务站、社区居委会“去行政化”等措施，将政府的社会服务职能向社区下沉，优化了人、财、物等各

类资源的配置，有效整合了社区闲散资源，形成党委领导、服务站承载、居委会自治、服务窗口办事的社区治理体制。其中，街道主要行使社区建设的统筹规划、资源协调、监督管理、指导服务和综合治理职能，其承担的社会管理和公共服务职能及与之相关的事务性工作下放到社区；将街道权属内的行政审批、公共服务事项全部下沉到受理服务中心办理，在每个街道的中心社区设置多个服务窗口，推行前台分流、后台办理方式；依托智慧社区信息系统，梳理形成《一口受理服务项目》79 项，使每个窗口均可集中办理公共事务，实现“居民办事一门式、窗口受理一口化”；每个办事处选择一个居民服务站加挂公共事务受理服务中心牌子，再根据人口密度、年龄结构等因地制宜地设置代办点，由社区干部和工作人员代办。实现了区级治理和服务重心向街道社区级下沉和职能转化，并通过信息化平台，建立了治理和服务的良性互动机制。

（2）建立了社区民主协商议事平台

依照 B 市社区建设实际，创新出多种社区民主协商机制，形成了各具特色的社区民主协商平台，并逐渐实现制度化、规范化和程序化运作。如“3456”协商工作法、“五位一体”民主协商社区自管物业管理、“一委三会”民主协商议事机制、“3+X 四方共议”等多种模式。积极引导社区居民广泛参与社区党建、物业管理、居民需求、惠民政策、公共事务、公益事业及其他热点难点问题的协商、议定和执行过程，自由充分表达真实意见和看法，变“为民做主”为“由民做主”，充分调动广大群众参与协商的积极性。为社区居民搭建了一个“民事民提、民事民议、民事民决、民事民评”的平台，有效整合了社区资源，强化了街道社区组织整合功能和团结带领群众的作用，而且拓宽了党组织服务功能，密切了党群干群关系，提高了群众工作的满意度。

（3）打造了社区社会组织孵化平台

“三社联动”服务的具体工作还需要由社会组织来承载。B 市坚持“条块结合、资源共享、优势互补、共驻共建”的原则，以社会化服务为方向，有计划、有选择地建设社会组织孵化平台。例如，在市级地区层面，建立“支持型”社会工作服务组织，搭建社会工作综合服务平台、社区社会组织培育基地、社区社工人才培训基地、“三社联动”综合专业服务项目的编织基地和供给基地；在社区层面，根据社区类型、人口状况和主要服务需求，建立不同服务重点和特色的“服务型”社会工作服务组织，成立了内蒙古自治区首家由共青团自建自营的青年创新创业基地和社会组织孵化基地。集中培育形成了社区家庭服务类、精神慰藉类、老专家服务类、社区文体类、公益活动类、社区志愿类、社区治安类、社区义务教育类、社区卫生类等9大类社会组织，积极有序地引导其参与社区建设，使各类资源向社区集聚，拓展为民服务内容，提升服务技能。

（4）智慧社区网络平台逐渐成熟

社区治理智能化水平决定了“三社联动”的服务效率。B市从2012年开始，就以互联网技术支撑街道社区治理体制改革工作为嵌入点，紧抓云计算中心建设契机，借助覆盖全区的电子政务网络平台、4G网络技术等手段，加快智慧社区网络平台建设步伐，已经在社区治理信息化平台、智慧养老、智慧物业等方面取得了重要成果。如以居民大数据为基础，陆续开发出“一库七系统”的社区治理信息化平台、“一口式”受理服务系统、民生微信公众号等，全方位开展社区公共服务综合信息平台建设工作。为居民群众与街道社区、政府部门之间搭建起一个互通互联的服务网络，有效促进了“三社联动”信息化、智能化、智慧化的水平升级，逐步实现了社区公共服务事项的一站式受理、全人群覆盖、全口径集成和全区域通办。“信息多跑路，居民少跑腿，办事一口化”的社区智慧化改革给居民带来了最直观的“实惠”。

2. 构建了“三社联动”四大核心机制

（1）“三社”主体合作机制

进一步理顺了社区党组织、居委会和社区各类组织的关系，明确社区居委会、社区服务站的工作职责和职能分工。加强社区党组织对社区各类组织的领导、指导和引导；建立了社区党组织牵头，社工服务机构引领，社区服务中心、业主委员会、社区物业、社会组织、驻区单位参加的社区治理协调机构或联席会议制度，沟通、研究、协调社区治理中的重要问题。

（2）社区居委会的带动机制

在明确了各主体的职责边界后，具体的社区议题需要由发起者和带头者激活各主体的资源，而社区居委会可以很好地承担起这一职责。B市重视“三社联动”工作平台的建设，投入大量资金，配备与社区服务需求相适应的服务硬件和软件设施，精心调配社会组织和专业社工力量，科学设置互动空间和服务项目；充分发掘社区居委会的优势，通过政策引领、信息引导、资金支持、社区社会组织孵化培育、项目合作、专业社工人才培养等手段，实现居委会的枢纽作用，促使多方主体联动起来。

（3）持续互惠互动机制

B市以政府购买公共服务的政策保障为前提，明确要求街道社区党组织和辖区共驻共建单位、各类专业组织采取政府购买服务和项目特定委托的形式开展合作，建立项目征集、论证、采购、评价等工作规范，并通过召开项目招标洽谈会、论证会等方式抓好项目管理，面向符合条件的社会组织和专业社工服务机构购买服务，引导社会力量参与提供公共服务，实行政府主导、社会组织协同、公民参与相结合的“三社联动”服务供给机制。基于对社会组织和社区居委会的信任和利益引导，最大程度激发“三社联动”参与主体的内在活力，保障其利益诉求和目标的达成，提高社区治理的人力、物力、财力资源使用效能，形成了基层政府、社会组织、自治组织、辖区单位、居民群众等多元参与、协商共治和良性互动的局面。

（4）“三社联动”专业监管和评估机制

“三社联动”服务供给需要全过程的监督和评价，这样才能在实施中确保执行少偏差、形式不走样和资源得以合理高效利用。在B市“三社联动”机制运行过程中，由街道党工委主导，以社区党组织为主体，以社区居委会为枢纽，以专业社会组织为依托，将“三社联动”服务标准量化、细化到具体服务项目上，并通过社区“两委”会论证和居民代表大会审议的形式进一步对服务项目的必要性、可行性进行研究和确认，严格抓好服务项目的整体规划设计和立项。在实施过程中建立科学完善的评估体系，将有关服务项目纳入全市各级城市基层党建工作项目建设总体规划，并邀请相关第三方专家组对服务项目进行绩效评价，由社区党组织和服务对象代表共同参与项目的监督和总结，以保证项目顺利实施。围绕对联动主体服务方式和服务行为的监督，逐步形成了首问负责制、网络责任制、兜底负责制、入户走访制、工作例会制、互评互查制度等多种监管评估机制，而且还定期、不定期地组织第三方力量，对社会组织及其项目进行标准制度建设，建立起完整的社会组织A级评估体系，依据专业标准检验“三社联动”机制的运行效果且实行动态化管理。

3. 聚焦了“三社联动”服务领域和优势项目

（1）针对社区中的特定人群开展了针对性的特殊服务

“三社联动”机制在调解社会矛盾、解决生活问题、服务社区居民等方面确实发挥了独特作用，但在民族地区社区类型多元复杂和民族关系千丝万缕的环境下，并非可以解决社区发展中的全部难题。换言之，“三社联动”在民族地区需要界定哪些可为、是否可能等边界问题，既不能因环境特殊而消极看待其效用发挥，又不能过分夸大其无所不能的作用。应面向社区中特定人群的个性需求，开展针对性的特殊服务，体现出“三社联动”机制的优势，否则就与传统的社区管理没有区别。B市政府在“三社联动”试点中，除了服务社区居民共性需求之外，特别注重对特殊人群和困难人群的个性需求满足，并根据本地社区、社会组织和专业社会工作者的发展实际，聚焦“三社联动”服务对象和服务项目，拓展服务领域，凝练优势服务项目，重点在家庭社工、为老助老、青少年儿童社工、残障人士社工、志愿者培训和少数民族社工等领域提供相关专业服务，在调解社区矛盾、生活服务帮扶、民族融合、社区助老服务和青少年服务支持等方面的成效显著（见表5-1）。

表 5-1　B 市“三社联动”重点服务对象和特色服务领域

服务领域	服务项目	具体内容
家庭社工服务	生活培训类服务	家庭讲座、卫生保健义诊服务、外来务工家庭社保和子女教育类培训服务
	困难帮扶类服务	老人心理咨询服务、生活困难家庭的综合辅导服务、失独家庭和单亲家庭的综合辅导服务、外来务工家庭的综合辅导服务
	问题解决类服务	针对问题家庭的治疗类服务，包括婚姻关系、亲子关系、婆媳关系、老人照护、邻里矛盾方面存在的重大问题，进行有针对性的治疗类、恢复性的服务
	社区建设类服务	社区文体康乐服务、社区评比活动、金点子大赛等活动
为老助老服务	基础生活类服务	医疗保健服务、清洁洗衣服务、送餐就餐服务、购物服务、家政服务、心理援助和法律咨询服务、特殊日访和定期专访服务
	组织类服务	老有所为服务、锻炼康复服务、老年人再婚服务、健康养生等老年人课堂服务
	娱乐类服务	特殊生活技能比赛服务、文体活动服务、旅游服务、兴趣小组服务
青少年儿童社工服务	生活类服务	社交能力培养服务、学生托管服务、情绪管理服务、积极心态和学习提升服务、个人潜能与社会责任服务、就业与创业服务、流浪儿童救助服务
	治疗类服务	思想道德的问题介入服务、网络不良行为纠正服务、失学儿童救助服务、单亲家庭儿童心理疏导服务、儿童青少年学习心理调适服务
	建设类服务	特长青少年培育服务、青少年大型文体活动、家庭亲子教育服务

续表

服务领域	服务项目	具体内容
残障人士社工服务	生活类服务	生活技能类培训服务、就业信息服务、就业创业技能类培训服务、就医类辅助服务、社会保障类咨询服务、家属培训服务
	康复类服务	身体康复类训练服务、护理康复类训练服务、家庭康复类训练服务
	娱乐类服务	针对残障人士的特殊娱乐活动、外出娱乐活动
义工和志愿者培训服务	队伍的组织建设工作	志愿服务奉献精神培训、志愿者服务相关法律法规培训、志愿者管理机制、志愿者职责权利和义务等讲座服务
	队伍的培训工作	志愿者服务礼仪及沟通技巧培训、志愿者素质培训
	分类义工培训服务	为老服务义工服务技能培训、青少年儿童义工服务技能培训、灾害救援技能培训
妇女社工服务	个人发展类服务	困境女性公益创业支持服务、村改居失地女性就业创业支持服务、智慧父母成长计划服务培训
	社区支持类服务	留守家庭妇女心理健康服务、妇女反暴力心理疏导服务
少数民族社工服务	生活服务类	少数民族居民定向帮扶服务、社区医疗服务、就业指导培训服务、语言文化教育和实用技术培训、法律咨询服务
	社区支持类服务	少数民族群众维权服务、少数民族流动人口管理服务

（2）开展了针对少数民族群众的特色服务项目

针对少数民族流动人口来源广、数量大、需求多样、社区聚居集中等特点，B市率先在自治区范围内探索建立了“三社联动”实训基地，通过专业社会组织购买政府公益性服务项目，不断完善市、区、街道和社区四级民族工作联动机制。加强以社区为单元的基层民族工作，在一些多民族社区建立了“少数民族综合服务中心”，开展了多种特色服务项目，从资金支持和政策扶持等方面对少数民族群众实施生活帮扶、困难救助、法律维权、劳动就业和技能培训指导等公共服务。外引内培民族类社会组织，设计丰富的社区特色活动，定期组织少数民族居民开展民族团结主题观影会、趣味运动会、民族歌舞展演及书画摄影、声乐舞蹈、手工编织、电脑网络培训等活动，促进各族居民增进了解、加深感情、加强融合。

（3）丰富了民族地区“三社联动”服务方式

由于各民族在民族宗教文化、风俗习惯、语言交流、生计方式等方面存在较大差异，造成少数民族群众在城市社区融入难、服务管理难、矛盾纠纷调处难等问题，“三社联动”服务方式也应有适应性创新。B市在继续深化政府购买服务、公益创投市场化运作和项目特定委托制等方式的基础上，创新出“社工+助工+义工”的“三工联动”服务模式，依托“一对一”“手拉手”“专业社工入驻社区”等具有民族特色的困难帮扶、守望互助和文娱活动等服务形式，形成了培养专业社工、社工引领助工、义工协助社工、群众参与义工的互动格局。强化社会组织协同能力，打造了以“三工互动”队伍建设促“三社联动”多元治理的工作模式，来解决少数民族群众的发展问题，发扬和保护民族文化，促进民族互嵌式社区建设。

5.1.3 “三社联动”服务能力有了较大提升

在民族地区传统社区管理中，最大的问题就在于行政化氛围浓厚、社会组织和民族社会工作发展迟缓、社区居民参与社区服务积极性不高。在推行社区治理体制改革和“三社联动”机制创新后，聚焦社区民生，开展社区互助，增进社区融合，鼓励居民参与，明显促进了社区居委会、社会工作者、社区社会组织的自我发展能力、联合行动能力和参与服务能力，增强了基层群众自治组织的民主自治能力。

1. 积累了社区居委会、社会组织和社会工作者联合开展工作的经验

“三社联动”的初衷就是要打破传统社区管理中政府全权负责的局面，引入专业化的组织和人员，提供专业性的服务。但作为一个新鲜事物，“三社联动”试点过程艰辛，B 市在考察并借鉴发达地区城市“三社联动”后发现，还是需要基于本地经济发展水平、民族特点和社区发展程度等实际出发，孵化培育适应少数民族生计方式的社会组织和社会工作者，并在民族地区的特殊社会土壤中，着力打造更多符合居民需求、有民族特色的社区服务项目，重点开展社区党建、青少年服务、为老助残服务、民族民生、紧急救援、科普环保等特殊性服务项目。长期坚持“以项目促联动、以联动促发展”的实践原则，积累了政府、社区居委会、社会组织和社会工作者彼此协作、联合开展工作的宝贵经验。

2. 培育了多种类型的社区社会组织

在民族地区城市社区发展过程中，缺乏社会组织的专业性介入是最大软肋。B 市加大财政投入和政策保障力度，通过外引、内培、双孵化等方式大力发展社会组织。例如，建立了区级社会组织党建服务 · 孵化创业园、街镇社会组织服务中心和社区社会组织服务站“三级孵化”模式，实现社会组织登记、培育、培训、年检、评估的“五个同步”；为社区社会组织提供社区活动场所、党建指导、能力建设和资源对接等关键支持，社区社会组织的类型和服务重点已逐渐从原来的自娱自乐型向生活服务型、公益慈善型和居民互助型扩展，并不断完善社区社会组织内部治理结构，主动到民政部门或街道社区备案；社区活动的开展也由原来被动依靠街道社区干部的临时性安排管理改变为居民主动的自管、自议和自定模式，即社区活动由原来的“想一出是一出”，到现在“手写活动计划、策划活动方案、开展项目说明、理事会议表决通过”的明确流程，开展形式有章有据，活动内容注重实效，并在服务中追求组织价值的实现；社区社会组织能够设计和承接社区服务项目，并在项目开展过程中有专人管理财务、单独记账、专款专用，社区社会组织负责人目前可以在社会工作者的指导下，独立开展活动、招募志愿者和动员服务对象参与；社区服务项目开展过程做到了沟通有准则、工作有流程、活动有记录、结束有评估的制度化、规范化管理程序，并凸显专业社会工作的应用，推动了社区社会组织专业化支持体系日益完善；社区公益类组织和热心志愿者的成功培育，推动了志愿服务的快捷化、规范化、创新化、专业化和常态化发展。

3. 提升了社区工作者和社会工作者的专业能力

在“区—街道—社区”三级社会工作服务网络的基础上，B 市探索总结出“以社工为示范，助工为主体，义工为辅助”的社会工作人才队伍建设模式，形成了培养专业社工、社工引领助工、义工协助社工、群众参与义工的“三工联动”格局。例如，以“三社联动”为抓手，建立“社区人才智库”信息管理系统，网罗全国专业社工人才，并通过专业社会工作人才引领社区志愿者开展服务，社区志愿者协助专业社会工作者拓展服务，有效整合专业社会工作者和社区志愿者两类资源，实现联动双赢、互补互惠、互动共进，提升了社会工作者专业能力和社区工作者的服务水平，社会工作专业人才队伍建设初显成效，很大程度上改变了居民对传统社会工作者“中看不中用”的看法；社会工作者在“三社联动”实践中开始尝试用优势视角看待服务对象，从原来的行政化管理即兼社区社会组织主要负责人，包办代替社区社会组织各项工作到从社区社会组织抽离，转变为社区服务开展的“协助者”，注重挖掘、培育和支持社区的志愿团队力量；通过定期和不定期地对社区工作人员、社区居民骨干和社区志愿者开展培训，积极引导、动员、组织更多的居民和辖区单位代表参与社区服务和社区公益，使志愿者的服务意识得到增强，更多志愿者由原来的“等待安排”转变为“主动请缨”，开始主动思考和实施志愿服务项目；大力推动社会工作人才的专业化和职业化建设，出台了以培养、使用、评价和激励为主要内容的社工人才发展政策，注重社区社会工作者的专业成长与专业服务，促进了地区社会工作专业人才队伍和志愿者队伍的建设水平，初步建立了一支适应全市社会工作发展需求的社会工作专业人才队伍。截至 2019 年，B 市已有 2371 人通过全国社会工作职业水平考试并取得社工师、助理社工师资格，[①] 居内蒙古自治区首位。

---

① 提升居家社区养老服务业质量，满足老年人多元化的养老服务需求 [EB/OL].（2019-12-24）. http://mzt.nmg.gov.cn/mzzx/jcxx/zhbg_165/201912/t20191224_43404.html.

4. 增强了社区居民自治能力

B市在社区治理体制改革中，大量建立社区社会组织，形成了颇具特色的社区民主协商平台和社区“五位一体”基层协商民主模式，先后被内蒙古自治区和国家作为社区治理的典型经验推广。在改革中，各街道社区基本建立了以居委会为核心，五大委为基础，协商议事委员会、居务监督委员会、业主委员会为骨干，居民为主体的社区自治组织架构，形成“社区议事会议—社区居民代表大会决策—社区居委会执行—社区社会组织协助—社区监督委员会监督”的社区自治体系；社区居委会剥离了过去承担的大量政府社会管理和公共服务职能及与之相关的事务性工作，移交到社区服务站，居委会按照相关法律规定强化自治职能，建立健全人民调解、治安保卫、公共卫生、群众文化等专业性工作委员会，同步建立社区协商议事委员会、居务监督委员会和业主委员会等参与性工作委员会，选齐配强居民小组长、楼院门栋长，形成上下贯通、左右联动的社区居民自治组织体系；完善社区恳谈会、社区议事会、社区评议会、社区听证会等“社社协商”和“政社协商”平台，扩大群众参与协商的范围，明确协商对话的形式和内容，通过民主、开放、协商的方式，努力实现社区民事民议、民事民办、民事民管，增进“三社联动”相关利益主体的目标认同。

形成了“社区党委统筹引领，管理服务站、居委会、物业公司、业主委员会四力合一”同治同建的社区治理新模式，极大地促进了社区自治功能的发挥。促使社区居民自治与党建、综合治理、妇女工作、特殊群体关爱、民族工作、环境卫生整治等工作相结合，实现社区管理服务“听民声、集民智、解民需”，以及在法治轨道上处理涉及民族因素的问题，特别是注重鼓励和引导少数民族群众参与社区自我管理和基层民主建设，吸收少数民族党员和居民参加党员服务队、义务医疗队、治安寻访队、环境保洁队等居民组织，增强社区居民自我管理和自我服务的能力，提高少数民族群众的社区融入度；通过理顺社区党组织（或党委）、社区管理服务站（或社区服务中心）、物业公司、业主委员会等多方社区治理主体的权责关系，居委会加速了去行政化的步伐，发挥了居民自治管理优势。

5.2 内蒙古B市“三社联动” 的主要经验

5.2.1 发挥政府主导作用，完善顶层政策设计

“三社联动”在民族地区起步相对较晚，社区建设的基础环境“先天不足”，社区自治的发育条件又“后天不良”，社会组织发展失衡，社工人才队伍建设滞后……这些现实，决定了当前只能是在政府主导下，统筹推进“三社”主体有序地“联”起来、有效地“动”起来。特别是“三社联动”试点初期，政府更要在政策支持、制度规划和资源投入等方面做好顶层设计，在搭建公平、互惠、互促的实施框架和保障条件上持续发力。依此逻辑，B市政府“恶补”社区、社会组织、社工队伍等相关法律法规尚不健全的历史短板，对有关涉及社区治理的方向性、全局性、民族性等政策内容进行整体性把控，“抓大局、强导向”，密集出台关于“三社联动”及其配套辅助的法规政策。支持先行先试，营造争先进位的氛围，在“统筹规划”“顶层设计”“资源整合”上重点发力，鼓励试点社区大胆创新尝试，致力于设计适合本市实际的“三社联动”顶层制度，以便在更高层面加强指导，在更深层面做好协调，在动态过程中把握好“三社联动”方向。

1. 创制适应本市特点的“三社联动”政策

B市政府围绕创新开展“精街道、强社区”管理体制改革和“三社联动”试点改革，先后出台了有关政府购买服务、社区组织培育发展、社会工作专业人才培养选拔使用等一系列指导社区建设、规范社区管理和支持社区发展的政策性文件，为“三社联动”的有序开展提供了法律依据，奠定了坚实的制度基础。具体政策包括：《B市关于建立精街道强社区管理体制的实施意见》《B市关于精简和规范社区工作的实施细则》《B市“三社联动”联席会议制度》《B市社会组织协商实施意见》《关于加强城乡社

区协商的实施意见》《关于优化社区管理服务的实施意见》《关于规范和提高社区工作人员工资补贴的意见》《B市关于加强社会工作专业人才培养选拔使用工作的意见》《B市加快推进“三社联动”的实施意见》《推动“三社联动”工作机制实施方案》《关于推进社区公共服务综合信息平台建设的指导意见》《KDL区城乡社区社会组织备案管理实施办法》《关于KDL区政府购买社会组织公共服务的实施意见》《关于以“三化六好”为总体目标切实加强街道社区党组织建设的意见》《印发〈关于加强基层社会治理和服务创新改革的指导意见〉的通知》《KDL区街道社区管理体制实施方案》《KDL区推进社会组织建设创新示范工作实施方案》等。注重引导社区管理服务基础平台搭建，促进社区公共服务设施建设，强调社会组织和社会工作专业人才的培养，夯实“三社联动”机制运行的政策基础。

2. 筑牢“三社联动”基础平台

B市政府深刻意识到，“三社联动”机制的正常运行需要有良好的软硬件设施，特别是在社区服务场地、服务信息系统和人员配备方面要具备最基本的条件。

（1）大力进行社区平台场所保障建设，搭建联动工作平台

自2015年以来，B市先后投入约2亿元，用于支持社区建设，助力社区管理体制改革，现已全面完成每个社区300平方米办公活动用房建设任务，全市52%的社区“两室”用房面积达到了800平方米，为推进智慧社区服务提供了场所和设施保障。

（2）建立区级综合性、推动性、引领性的社会组织培育孵化基地，搭建联动专业平台

自2015年起，B市采用“以问题为导向解决社会组织培育方式”的思路，通过建立分级负责、属地管辖的综合培育平台，对社会组织进行能力帮扶。如KDL区逐渐建立区级社会组织党建服务·孵化创业园、街镇社会组织服务中心和社区社会组织服务站“三级孵化”模式，为社会组织提供办公场所、党建指导、能力建设、资源对接等支持；通过服务购买、公

益创投等形式对社会组织进行直接的经济资助，如通过承接内蒙古自治区民政厅的购买服务项目，发展壮大社会组织孵化园孵化培育的社会组织。

（3）发展“三工联动”社会工作人才队伍模式，搭好人才支持平台

B市通过出台社会工作专业人才培养选拔使用及社会工作“鹿城英才”等实施办法，推进专业社工、社区工作者和志愿者相互协作的互动机制，在实践中探索“党建引领、三工联动、政校合作、民族共融”的社工人才建设模式，搭建“以社工为示范，助工为主体，义工为辅助”的人才平台，为“三社联动”发展注入持续人才支撑。

（4）开展社区公共服务综合信息平台建设工作，打造社区治理智能化平台

为提高社区公共服务的精准度和便捷性，B市构建“智慧社区信息系统+综治信息化系统”的信息化综合应用平台，加强各类社区信息数据的融合运转和智能共享，逐步实现社区公共服务事项的一站式受理、全人群覆盖、全口径集成和全区域通办，让“三社”的联动过程更快速、更准确、更精准，以此提高联动效率。

3. 建立“三社联动”基本制度框架

建立一整套规范的制度、严格的规则和完备的执行机构，是“三社联动”能够积极、持续进行下去的可靠保证。B市政府依据国家、自治区关于社区治理改革等法规政策，在市级和区级层面成立了“三社联动”领导机构和执行机构，设立了“三社联动”联席会议制度、信息联通制度、服务联办制度，制定了社区公共事项准入目录和工作任务清单，用制度规章形式确定“三社联动”运行机制、规则和程序，并依托网格化管理、一站式服务、信息化平台进行统一、有序推进。

（1）建立“三社联动”联席会议制度

在市级层面，整合民政、公安、卫生、教育、应急管理、城市管理综合执法等与社区事务管理相关的部门领导，成立“三社联动”工作领导小组，统筹“三社联动”资源调动，每季度定期召开联席会议，集中督导社区群众重大的“急、难、愁、盼、怨”等问题的解决情况，以及做好政策

衔接、统筹指导、资源整合、督促检查等工作。在区级层面，组织召开由民政职能部门、街道、社区、社会组织负责人组成的联席会议，抓好社区服务供给、组织协调、信息联动、需求反馈、服务联办等工作。在社区层面，建立社区“两委”、社区社会组织、社工服务机构、居民代表、物业公司代表参加的联席会议制度和机构，开展常态化的联动协商，畅通社区居民需求表达渠道，联通社区服务供需关系，负责督促各方主体推进、落实、执行会议成果，并对各方主体开展的工作进行监督、督导。

（2）建立“三社联动”信息联通制度

“三社联动”过程需要多方协调、信息互通和资源互补，仅依赖“三社”中任何一方力量单打独斗，都不足以产生持续、稳定的联动效益。因此，B市在“三社联动”机制试点中，应夯实社区信息化平台，推进社区居民公共服务信息化建设，加强不同主体之间的信息沟通和资源引导。区级“三社联动”办公室负责建立政府与社会组织、社区与社会组织、各社会组织之间的信息联通渠道，设立联动服务的需求信息收集、服务反馈、资源调处联动机制，随时掌握社区“三社联动”运行状况及发展态势，及时沟通交流社区服务项目、社会组织建设和社工人才队伍建设等相关信息，加速社区、社会组织、社会工作专业人才、服务对象信息的数字化进程，促进社区服务供给与社区居民需求有效对接，为社区无缝隙管理服务提供有力支撑。

（3）建立“三社联动”服务联办制度

充分发挥政府推进“三社联动”的主导作用，建立“以社区为平台，政府扶持监督、社会组织承接、项目化管理运作、专业社工引领、志愿者参与”的社区服务新方式。由专业社工引领社区社会组织根据社区问题和居民需求，整合社区服务资源，带动社区志愿者、义工和社区居民骨干，以项目化的方式为社区居民提供服务，解决社区问题，形成“三社”之间的资源共享、优势互补、相互促进的联动常态。

（4）建立责任清单制度

针对传统社区公共事务繁杂、管理无序等问题，B市结合“放管服”

改革工作，遵循“让数据多跑路，让群众少跑腿”的原则，探索“明确社区职能，建立责任清单”的方式，加快社区工作转型。制定社区公共事项准入目录和工作任务清单，精简规范社区居委会服务事项，明确社区管理服务站公共管理和服务事项。各个社区还根据实际情况和具体的社区公共事务议题，列出针对三社联动相关组织资源优势属性的需求清单，强化“三社”资源和社区居民需求的高度融合，从根本上提高社区服务群众效能。

5.2.2 加强基层社区党建，统领推进“三社联动”

民族地区城市社区环境特殊，民族关系较为复杂，社会矛盾相对比较敏感，因此，加强基层社区党建工作更为重要，这不仅是为“三社联动”机制建设提供核心引领，更是加强社会稳定团结的重要保障。B市在基层社区党建工作中，着力补短板、抓重点、强核心，结合B市社区发展实际，设置了“街道党工委—社区党委（或党总支）—网格党支部—楼栋党小组”的基层党组织结构，创新出“社区党组织+专业组织”“1+4+N”“1+5”党建服务工作模式，通过党建带群建，积极动员各类组织、各方力量共抓基层治理，共推“三社联动”。

1. 与城市社区发展相适应，创新基层社区党建工作模式

在民族地区城市社区发展的不同历史时期，基层社区党组织肩负的使命是不变的，但面临的问题和责任却有所不同。在新时代社会主要矛盾发生变化的情况下，边疆民族地区城市社区发展起步晚、基础差、资源分布不均、民族关系与社区事务相掺杂等现况，决定了基层党组织在社区治理中的责任更重大，角色更特殊。在服务社区居民、凝聚人心向党的同时，还要促进民族团结和民族融合。因此，B市政府在推动“三社联动”进程中，始终将党组织建设和民族社会工作放在首要位置，抓住社区发展的主要矛盾、影响因素和关键环节，有针对性地开展基层社区党建工作。例如，实行“社区党组织+专业组织”工作模式，成立社会组织党建服务·孵化创业园，并将成立党组织作为社会组织注册的前置条件，实现社会组织党组织全覆盖等，使基层党建与社会组织发展相适应、与“三社联动”目标相契合，党组织服务社区的组织架构和工作方式一改旧思路和老办法，积极创新街道党工委领导下的社区协商议事机制，注重与本地社区实际相适应，与时俱进地加强街道社区党组织自身的高标准建设，突出领导核心作用，进一步夯实党在城市基层社区中的执政基础。

2. 依靠党员和群众力量，助推基层治理创新

社区党组织是党在城市基层的战斗堡垒，广大党员是社区党组织建设的中坚力量，社区党员了解民生最清楚、服务群众最直接、整合资源最可靠。社区党组织既要善于盘活资源，又要善于激活、育活资源，要秉承“一切从群众中来，再到群众中去”的原则，紧紧依靠人民，发动群众积极参与社区治理。B市在基层社区党建中，注重对基层社区党建和高素质党员干部队伍的常态化建设，在工作中不断强化核心领导的意识和能力，在服务社区“三社联动”实践中始终坚持“利益共融、责任共担、安全共建、隐患共治、关切共商、成果共享”理念，通过属地化管理整合各类党建资源，统筹协调“三社”有效对接联动，建立社区区域化党建联席会议制度、党建工作协调机制、党群融合发展机制，实施网格化管理服务，推动党的组织覆盖和工作覆盖。如选派党员担任网格信息员，负责深入社区宣传党的政策、解决居民矛盾、了解和听取民情民意，把党建工作触角向社区网格延伸，以党建带群建，以党员带群众，使各方主体的主动性、积极性和创造性得到充分发挥，为“三社联动”筑牢群众基础。

3. 坚持街道党委领导，赋权“三社”主体参与社区治理

“三社联动”尽管是以“三社”为核心主体，但绝不是排斥或剥夺其他资源的加入，社区治理应发挥“众人拾柴火焰高”的作用。B市在街道成立“大工委”，在社区成立“大党委”，构建出“街道党工委—社区党委（或党总支）—网格党支部—楼栋党小组”的基层党组织架构，引领“三社联动”试点，积极推行社区共同体式的联席会议制度，吸引和赋权以“三社”为主体的各方力量参与社区公共事务的联动供给，统筹协调社区党组织、居委会、便民服务中心、社会组织、辖区单位、社区居民等主体共同参与社区治理。通过建立社区工作联席会、社情民意建言会、社区重大事项听证会、社区事务评议会等议事制度，全面打造社区治理和社会服务供给与需求对接的平台，并向“三社”主体赋权扩能，促成了联动需求、资源与能力的有效匹配，拓宽了各方主体包括居民表达诉求和关切、反映意见和建议的渠道，丰富了“众人的事情由众人商量”的制度化实践，加速了街道社区民主协商的制度化、规范化和程序化进程。

5.2.3 从地区到社区层层推进，注重培育基层社会力量

要让民族地区城市社区“三社联动”持续发力和长久联动，必须采取自上而下行政推动和自下而上社区参与相结合的策略。B市在“三社联动”试点初期，深刻认识到政府主导、民政牵头、各职能部门配合是开展“三社联动”的主要驱动力，下功夫改变“政府在行动、社会无行动”的传统社区管理困境，通过政策保障、资金扶持、主动培育、示范带动、平台建设等途径激发社会力量的活力，鼓励社会参与，形成“三社联动”持久发展的内生动力，并从地区到社区层层推进、环环相扣、循环发力。

1. 宏观层面搭好顶层联动制度框架，打破部门利益区隔

民族地区“三社联动”能否真正地“联起来”“动起来”“火起来”，关键在于能不能打破政府各部门之间的利益区隔和信息封闭。因为大部分社区管理权力和资源掌握在地区政府手中，所以只有政府向社区下放与事权相匹配的财权和职权，向社会力量让渡与公共服务职能转移相对应的权力空间，基层政府部门才有可能打破管理的条块分割和部门间的利益争夺局面，出台有利于整合“三社”资源的政策法规，基层社区才能有“三社”互动发展和跨界合作的可能。B市政府认真贯彻落实国家、自治区关于社区治理的决策部署，紧紧围绕打造共建、共治、共享的社区治理格局，站在全市经济社会发展全局的高度，把“三社联动”工作确立为全市民政工作的重要制度性改革内容之一，出台“三社联动”专项政策意见，专门成立推进“三社联动”工作领导小组，设立“三社联动”工作推

进专项经费，设置上下对接的“三社联动”管理机制。重点构建市域一体化的大党建格局，引领和培育发展地区性的社会工作创业园、社会组织孵化园、社区志愿服务创益园，增强地区社区服务中心的联动能力，打造市区层面统一的“三社联动”组织架构和工作体系，形成“党委统一领导、政府主导推动、社会组织运作、公众广泛参与”的工作格局。

2. 中观层面细化“三社联动”政策，夯实联动平台基础

根据B市出台“三社联动”等方面的实施意见、工作方案和办法，基于本地实际，加强政策配套衔接，建立部门协作、资源整合和服务协同等机制，为“三社联动”开展奠定好基础条件。如QS区和KDL区，以创新开展精街道、强社区管理体制改革为抓手，将推动基层政府购买服务、社区民主协商、社会组织项目化运作、社区社会工作实务开展等作为“三社联动”机制试点的主要内容和突破方向，通过社区服务项目购买、特定委托、专业特色督导和专业培训提升，坚持培育引导两手抓，孵化了一大批社会组织，打造内蒙古自治区高校社会工作、大学生社工、青少年社工等实训基地，激发“三社”主体参与活力。在强调政府主导作用的同时，培育社会组织，发展社会工作，促进社区参与，将“三社联动”机制通过组团化项目运作的方式落实到社区服务民生行动中，共同回应社区最紧迫的服务需求，实现市—区—街道社区的纵向联动工作体系，形成地区和社区层面“三社联动”的系统性治理。另外，针对社区居民的结构差异，各街道委托专业社工队伍对社区居民需求进行分层抽样调查，以此指导“三社”组织发展类别设置、关键资源整合和服务方向调整，确保服务和需求的有效对接，不断将“三社联动”的实践效果和经验反馈给区级政府以完善顶层制度设计，发挥了很好的承上启下作用；各街道分别建立社会组织孵化服务中心，精准对接各类优秀社会组织或社工服务团队领军人才，既协调各社区孵化组织的门类和数量设置，又引领“三社联动”发展方向和多元参与；街道引领社工队伍充分发挥专业理论和实务技巧特长，有效介入“三社”队伍的增能建设和服务的示范运作，充分发挥社区型社工队伍“运动员”的专业引领、项目示范作用，充分发挥社会型社工队伍“裁判员”的技术支持、绩效评估作用，整体协助街道推动区域资源的链接整合和服务网络的构筑贯通，为“三社”联动社会多元治理创造条件。

3. 微观层面落地“三社联动”实践，盘活社区服务资源

在微观社区层面，激发社区居委会、社会组织和社会工作者参与社区服务的意愿、活力和能力，并以多元化的服务和参与形式满足社区居民多样化需求。B市政府将资源重点投入“三社”平台的搭建和社区服务需求的精准定位上，始终坚持把充分发挥社区民主协商和议事决策功能贯穿社区议题项目化运作的主线，设计社区民情恳谈会、民主协商会、民主评议会等作为实现社区民主自治的有效载体，既主动发现了社区居民需求，充分尊重和肯定社区居民的意见和建议，又强化了居民的主人翁意识，引导和支持居民参与社区各类活动和志愿服务，大力培养了居民的社区意识。坚持和完善社区区域化党建联席会议制度，按照共同参与、合理配比的原则，积极吸纳发展社区优秀工作人员、社区积极居民、社会工作者和社区社会组织的负责人担任社区党组织兼职委员，共同讨论决定社区内重大事务问题，共同监督联动服务效果。始终把培育发展社区社会组织作为加强基层民主自治、增强社区服务功能的重点工作来抓，在培育中规范管理、优化结构、提升能力。始终坚持因地制宜、服务重点的原则，适应城市社区多元化发展的特点，分类推进“三社联动”优势项目，既要针对社区居民共性需求和社区公共议题，合理统筹社会组织、专业社工提供的基础性服务，又要针对少数民族差异化、个性化的需求，引导民族社会组织提供特色服务，畅通需求和意见收集渠道，拓展服务载体内容形式，发挥“三社”属地共治，完善区域联动机制，跟踪反馈服务效果，促进资源链接和网络构筑，注重提升社区、社会组织和社会工作专业人才队伍的专业服务理念和能力，逐步形成“区域化统筹、组团式服务、群众性评议”的社区服务模式。

5.3 内蒙古B市“三社联动”的发展瓶颈

经过近10年的基层社区治理体制改革，B市虽已取得了一些成就，但因“三社联动”还处于初步发展阶段，并未有定型模式经验可循，不可避免地存在一些不易解决的“老大难”问题和发展瓶颈，需要引起高度重视并理性对待。

5.3.1 社会资源开放度相对不足

B市在西部民族地区城市中属于对外开放度较高的地区，但因所处地理位置重要、民族关系特殊，“三社联动”机制的运行环境还属风险控制型。政府职能部门和街道办在“三社”的联动过程中，行政化主导色彩浓厚，结构位置处于绝对优势，其他主体尚未完全摆脱对其的依赖。换言之，政府对社会组织、社会工作服务机构的权力空间让渡、政策优惠激励和购买服务的力度相对不够，主动服务意识和能力还不尽如人意，尚未形成统一规范的政府购买服务市场环境，社会组织筹集资源的能力更是有限。

与上海、广州等发达城市相比，B市社区治理“放管服”的改革步伐相对缓慢。B市各区县的“三社联动”试点分布不均衡，除了QS区和KDL区以外，个别区政府还没有全面履行购买社区服务的职能，“费随事转”的政策也并未很好地配套落实，仅有的购买服务仍是市级民政部门与相关社会组织直接协商或特定委托的结果，真正通过公开招标挑选承接公共服务的社会组织尚属少数，投标承接自治区民政厅政府购买服务项目的组织更是屈指可数。如2018年底，B市KDL区正式注册的社会组织有372家，街道备案的社会组织1380家，但在2018年内蒙古自治区民政厅政府购买服务项目中，整个B市仅有29家社会组织中标承接，而且主要集中在社区培训、为老服务、脱贫攻坚等领域。不难看出，社会组织购买服务存在领域不宽、项目不多、总量不大、平均额度偏低等问题，特别是稳定性较差，一旦购买服务项目的资金支持周期终止，社会组织就只能被动退出，缺乏独立地将项目持续进行下去的条件，更无法承担较高的社工工资和进驻社区的运营成本。与此同时，政府对一些社会组织的税收优惠政策落实不到位，如在社区矫正、心理咨询等方面尚无明显的优惠政策。社会组织可持续发展的空间受限，社会资源的开放度略有不足，成为社会组织服务社区居民的主要梗阻。

5.3.2 社会组织承接政府公共服务职能的能力有限

民族地区社会组织总体发展缓慢、数量不足、自身缺乏造血功能是其长期弊病，这其中有历史发展基础薄弱的原因，但更多是基层社会治理结构受体制约束的结果。一方面，部分社会组织本身是从政府部门、事业单位转变而来，大多沿用行政模式来管理，与政府部门有着“千丝万缕”的联系，甚至有时被视为政府的派出机构，发展壮大在一定程度上还依赖于政府部门的资助，行政管理色彩浓厚。另一方面，经过孵化和培育后的社会组织，缺乏独立自主开展社区服务活动的能力，而且服务专业性有待提高。包括社工机构在内的社会组织往往是以项目承接的形式进驻社区中参与社区服务，服务领域多集中在为老便民服务、儿童教育服务、救助帮扶服务、流动人口创业就业服务等，其他如民族关系协调、利益矛盾调解等服务领域还未涉及，尚不具备相应的服务能力；有的社会组织是新型的社区社会组织，多是脱胎于居民兴趣小组或志愿者小组，在制度管理和内部结构设置上比较松散随意，普遍缺乏资金注入和人才保障，吸取社会资源能力弱，只能承接有限的文体娱乐类、公益类和科教类社区服务，服务内容单一，技术性相对简单，基本处于“小打小闹”的状态。

5.3.3 社会工作者队伍的专业化程度偏低

高层次、专业化的社会工作人才引进难、留不住、待遇低是社区社会工作发展中“老生常谈”的问题，也是民族地区社会工作者队伍整体专业化程度不高的主要原因。西部民族地区社区社会工作发展缓慢，社会工作专业人才供给数量远跟不上社区复杂事务的扩张节奏，“一人多岗多责”现象很常见。以B市QS区某社区为例，截至2019年10月，取得国家级助理社工师和中级社工师的持证人员共123人，平均年龄31岁，平均工龄6年半，其中女性有102人，社会工作专业毕业（学历为全日制本科）的大学生仅有13人，其余持证人员多为大专或以下学历；社会工作人才岗位设置不明确，通常一名社工兼职多个岗位，可谓是“哪里需要哪里用”。社工人才队伍年龄结构梯度不合理，社会工作专业科班出身的应届大学生社区工作经验不足，短时间很难上手具体社区事务。

社会工作者的薪酬和激励机制不完善，待遇政策吸引力不强，造成人才“留不住”“引不来”，社工服务队伍不稳定。例如，QS区民政局在推进街镇社区治理体制改革工作中，曾于2013年制定过为每个社区配备1名专业社工的人才引进政策，但当时1800元的月工资待遇，使得大部分人才先后辞职流失。之后为留住专业人才，区民政和组织部门牵头，制定了专业社工评优和月工资涨薪1000元的人才福利政策，并提出了“专业社工连续3年评优，给解决事业编工资待遇”的人才使用激励政策承诺……但有民政口的专业社工连续评优，却因人力资源和社会保障部门不认可区民政和组织部门的考评结果，最终未能落实相关待遇承诺，先前所谓的待遇激励政策成为“空头支票”，严重损害了社区工作人员的积极性。另外，针对专业社工考取国家助理社工师、中级社工师资格证书的每月支付50~100元工资补贴的待遇迟迟未落实，导致大部分专业社工人才看不到发展前景，纷纷跳槽离职，前往社会工作人才政策和待遇更好的城市发展。数据显示，近5年来，QS区为社区配备的53名专业社工，流出人数达到42名，新流入人员仅2名，流出人员的学历多为全日制大学本科生和社会工作专业研究生，因此，社会工作队伍整体的专业化程度受到极大影响。

专业领域的社会工作人才长期紧缺，使某些特色社区服务处于“空白地带”。目前，B市社区社会工作专业人才不仅数量不足，而且结构还有待优化，专业领域的社工人才大量缺乏且配置不到位，特别是实务型社区全职专业社工岗位人才长期紧缺，这与岗位任职要求高也有一定的关系。如要求全日制社会工作专业科班教育背景及以上学历，最好是有3~5年社工机构实务经验的一线社工和环节骨干督导人员，擅长为社区普通人员进行专业社工服务引领、机构领办、社会工作领域拓荒启创、社会工作实务督导或社区营造、案例经验总结、学术课题研究、技术支持政府智库建设等。一般的社会工作者很难满足这样的岗位任职要求，即使有学历较高的社工专业大学生，但由于缺乏实战经验，在特殊社区服务项目上短时间内很难“上手”，未等培养成熟，人才就流失了。

社会工作者的职业认同感偏低，看不到发展前景，工作积极性不足。例如，本土培育成长起来的“草原英才”“鹿城英才”等社工人才缺少进入体制内的机会和平台，存在“外行管内行”“专业的人影响不了专业的事”等难以施展才华的现象；民政、人力资源和社会保障部等部门之间沟通联系不紧密，民政部门管人管事却不管钱（工资发放由人力资源和社会保障部门负责），社工人才引进、培养、使用、管理的政策文件零碎且“政出多门”，缺乏规划的整体性和统一性，导致一些政策待遇和人员编制的政策承诺最终因部门标准不一、协调不畅而难以落实。

我们在调查中发现，部分社区居民对专业社会工作者还缺乏了解和认同，往往将其视作简单的学雷锋、做好事的志愿者，而且社会工作者对自身的职业认同感和工作满意度也不高，统计出的原因从高到低排序为：工资报酬低（82.4%）、社会认可度低（58.1%）、工作要求高且责任重（53%）、工作强度大（47.9%）、无法实现自身价值（22.1%）。社区社会工作者的成就感和使命感缺失，导致出现社工专业人员工作干劲不足、专业成长动力不足等问题，成为社会工作人才队伍参与“三社联动”机制建设的主要阻力。

5.3.4 社区居民参与度不高

“三社联动”需要发挥社区各方的能动性，特别是要促进社区居民的广泛参与。但受传统社区管理惯性影响，社区居民习惯了接受政府的指令和安排，缺乏主动参与的意识和能力，这在民族地区表现得更为明显。行政化的社区管理思维根深蒂固，对原有社区服务模式的改变不可能一蹴而就，社区居民参与意识和参与能力的培养需要一个过程，特别是需要投入大量的人力、物力和精力，自下而上地全面开展社区服务和社区活动……但目前的社区活动和社区服务基本还是自上而下的政府推动型模式，当政府职能部门急于加快推进试点任务出成绩时，社区活动的开展便趋于急功近利，往往以“加快速度见成效”的名义搞形式，或者以“没有成效”为由减少项目投入甚至责难，这是“三社联动”机制建设过程中时刻需要警惕的问题。

社区居民参与社区服务是“有心动，没行动”。社区居民参与“三社联动”的热情也很高，特别是在一些涉及社区公共问题、生活矛盾等的方面，也愿意参与社区协商议事会，但多表现为参与呼声强而行动弱、意识高而能力低、退休老年人热衷而年轻人冷淡的现象。社区居民对一些文体娱乐类的社区社会组织参与度要高于其他类型组织活动，在参与动机上多是回报性参与、文体性活动参与，而奉献性活动、政治性活动和服务性活动的参与较少，即使参与也是基于人际关系而非由公共参与精神所推动，参与效益低，形式性大于实效性。总体而言，B市社区居民参与“三社联动”仍是政府倡导式的形式参与，以被动性、执行性的参与为主，系统性和持续性相对不足。

前文谈到的B市“三社联动”发展瓶颈问题，有些是全国普遍性问题，如资金投入少、资源分配不优、社工专业人才数量不足等，但与发达地区相比，有些问题的独特性表现比较强，如行政化管控思维更浓重、社会力量参与的组织化渠道不畅、专业服务能力亟待提高等。“三社联动”机制运行如果与本地社区实际存在不相匹配的现象，势必会衍生出各种各样的风险和问题，尤其是社区治理越来越呈现出需求多样化、主体多元化、空间扩大化、功能网格化特征，使“三社联动”实施的难度更大，实施方式更复杂。需要说明的是，检验“三社联动”运行成效，不应简单地对工作开展、体制机制建立、工作平台、活动场所等硬件条件做定性评价，也不能仅依靠对政府的资金投入、社区社会组织数量、专业社工数量和服务类型等进行定量评价，而应把社区居民是否需要、是否参与、是否受益、是否满意，作为评价的首要指标和终极标准，紧紧围绕结果导向，把资源用在刀刃上，让老百姓得到“实惠”才是最重要的。

6　推进民族地区“三社联动”深度发展的建议

“三社联动”实践依托的社区基础条件不同，联动效果必然有差异。B市社区治理体制改革中的“三社联动”试点做法和经验，既有参考借鉴其他省份先进经验的成分，又体现出对社区发展规律的遵循，更是根植于B市社区发展特点而探索出的民族社区推动之路。针对B市“三社联动”机制发展瓶颈，我们建议应围绕“三社”如何紧密地“联”、协调地“动”、持续地“火”等问题，以社区党组织建设为关键、政府推动为主导、居民需求为导向、补齐短板弱项为重点、改革创新为动力，寻求民族地区“三社联动”机制深度发展的路径突破，积极打造“全国社区治理和服务创新实验区”加强版和升级版。

6.1　改善运行环境，加快“三社联动”主体走向成熟

6.1.1　加强社区服务软环境建设

B市在“三社联动”机制试点中，非常强调顶层政策设计和社区服务平台建设的重要性，投入大量财政资金改变社区基础设施旧貌，加快智慧社区和数字化社区建设，可谓是给“三社联动”机制开展提供了良好的社区平台“硬支撑”。但我们在调研中发现，B市“三社联动”顶层政策设计虽不断趋于完善，社区硬件设施建设在内蒙古也是一流的，但联动服务效果却没有达到预期状态……究其原因，“三社联动”服务项目是依靠社

会工作者来完成的，即使有再完美的硬环境和制度设计，如果没有正向发挥好人的积极因素，政策执行起来都有可能“走样”。应着重强化社区服务的软环境建设，加强对居委会工作者、社会工作者和社会组织从业人员服务意识和服务能力的培养。

1. 强化社区“本位”意识

社区软环境建设是“三社联动”开展的强基举措，是全面提升社区服务水平的重要工程。社区各项工作都要回归社区“本位”，去除居委会行政化，促进居民自治。社区作为“三社联动”的服务平台，应与时俱进地将职能定位在服务居民和发展社区能力上，凸显多样化资源的整合作用，推动社区由碎片化走向整合、从地域共同体走向精神共同体，最终走向情感共同体。[①] 其中，社区居委会要发挥好带头作用，社区党组织要做好核心引领工作，切实依据居民的需要，解决其生活中的“急、难、愁、盼、怨”等问题，搭建好专业化、精准化、智能化服务平台。街道社区干部和工作人员真正融入社区居民生活环境中，充分调动社区居民参与社区治理的积极性，提高居民自我教育、自我管理、自我服务的能力，[②] 使社区真正从“住所”变为“家园”。

具体到民族地区，政府在主导城市社区“三社联动”过程中，要改变政府大包大揽的传统社区管理思维，通过让税、让利、补贴等优惠政策或放权、让渡发展空间等手段，引领专业社工入驻社区，引导社会组织购买公共服务，既能为政府分担重任，又能整合社会零散资源。不断完善社区服务中心的“一站式”“智能化”服务环境，推进“最多跑一次”改革，将社会保障、民政服务、党建工作、流动人口管理等服务项目统一纳入智慧化服务平台。规范各项规章制度管理，强化一人一岗专责制，实行一站式受理、一站式办结、全天候服务。向社区居民提供线上和线下相结

---

① 徐选国，徐永祥．基层社会治理中的“三社联动”：内涵、机制及其实践逻辑——基于深圳市 H 社区的探索［J］．社会科学，2016（7）：87-96.

② 白福臣，李彩霞．新时代基层社会治理“三社联动”机制：理论构建、模式选择与路径优化［J］．学习论坛，2019（7）：80-88.

合的政策宣传、民政优抚、社会保障、生活便民、为老助老和法律援助等服务。当然，“三社联动”实施效果是与参与主体自身素质、能力建设和赋权程度密切相关的。基层政府应重点通过培育和赋权社会组织、提升居民自治能力、发挥社会工作专业优势，给“三社联动”提供合作空间、政策保障和容错余地，合力提升社区共同体的自组织能力。在试点初期，政府还要在社区广泛开展“三社联动”专业知识宣讲及学习活动，加大政府购买服务的力度、范围和深度，着重培育政治站位高、专业能力强、资源筹集力足的社会组织，并通过项目制或特定委托制方式扩大服务项目的内涵和实效，促进其更加贴近居民生活、走入社区、走向成熟。同时，还要针对民族社会工作资金缺乏、专业人才流失严重等问题，重点采取公益岗位增设、人才专项激励政策、社工高端人才培育机制和扶持专业社工机构成长等方式，提高社会工作专业人员的素质能力、工作动力和服务水平，以服务专业化带动服务普及化和居民参与度。

2. 聚焦工作作风改善和群众人心凝聚

“三社联动”机制是一个长期的赋权过程，政府要从协调全局、平衡各方利益和凝心聚力的角度出发，以绣花的功夫、打铁的韧劲、工匠的精神，做好社区“三社联动”的宏观性指导工作，做细“三社”准入、退出和行为纠偏的严格管控工作，尤其是不向基层街道社区下硬指标、压繁重任务，应从社区居民需求和生活琐事的细微之处着手，改善社区工作作风和精神面貌，增强工作纪律性和政风行风建设，锻造社区基层党员干部和工作人员“讲实干比奉献、讲责任比担当、讲精细比质效”的意识和能力，力求把“三社联动”服务做到极致、做出境界、做成精品。

增强社区工作人员爱岗敬业、积极奉献和敢于担当的工作氛围，进一步强化干部服务群众的责任意识和服务意识，夯实强劲有力的社区群众基础。围绕“服务清单明责、常态问责、督促尽责”三个关键环节，强化“三社”责任主体主动服务意识，强化服务结果反馈和责任追究机制，提升街道社区工作人员“想为”“敢为”的境界。特别是对社区居民申办的每一事项、提出的每桩建议和发表的每条意见，社区工作人员要随时受理，居民委员会和社区服务中心工作人员要问有答声，对本层级权力范围之内可解决的事项争取做到快捷承办、限时办结、办后有反馈。从工作细节上着手明显改进工作作风，显著提高服务质量和工作效率，在基层社区党委的核心领导下凝聚人心、提升人气，让社区居民真正感受到“三社联动”服务的便利可及和实惠可得，绝不是“雷声大、雨点小”的政绩工程，营造良好的舆论氛围，增强社区居民和其他多元主体的主动参与性和心理认同感。

6.1.2　推动社会组织由孵化培育走向独立成熟

1. 加大对社会组织的专项扶持力度

社会组织作为社区服务的主要提供者，其立足之本在于提供专业化服务，满足服务对象的需求。民族地区社会组织发育不足、行政色彩浓厚等现象是当前迫切需要解决的，基层政府可给予一定的政策扶持，特别是在财政补贴政策和政府购买政策上予以适当倾斜或者通过增能赋权和税收优惠等专项扶持手段，加速社会组织对政府依赖的“松绑”进程。尽快推进政府向社会组织转接公共服务职能，完善社会组织内部治理结构和规章制度，加强社会筹资能力和社区社会组织的培育管理。积极推行社会组织的项目制牵引、契约化管理和服务社会化模式，提升其市场运作能力。

强化以社区居民是否满意、是否认可的绩效评估机制，不断提升社会组织的专业化和规范化建设水平。政府应为社会组织创造有利的发展环境，在场地使用、资金扶持、办公设施等方面对社会组织给予支持。例如，通过出台法规政策、税收优惠等方式鼓励各类基金会、企业、个人向社会组织捐款；通过政府购买服务、福利彩票公益金资助、社会建设资金和街道财政专项资金项目化运作等方式，保障社会组织承接服务的资金需求；加大对社区内公益、慈善、人民调解、社区服务类社会组织的孵化培育力度，引导其快速成长；专项投入持续性的资金，助力社会组织孵化中心或社会工作服务中心快速发展，为社会组织提供规范的建设指导和专业的方向引领，特别是为初创期的社区社会组织提供全方位帮助，解决联动中出现的矛盾，提高居民的组织化程度。这对于民族地区社会组织快速成长具有很强的实践意义。

2. 推动社会组织规范化管理

全面深化社会组织直接登记制度的改革工作，是降低社会组织准入社区服务门槛的重要举措。特别是科技类、公益慈善类、社区服务类等社会组织，可不需要业务主管单位审查同意，直接向当地民政部门依法申请登记。探索和运用信息化联网的登记管理方式，加强社会组织登记、年检、评估等环节的监督管理。对达不到登记条件的社会组织，如部分生活娱乐类社区社会组织，加强其在街道办事处的监督备案管理，并纳入社区居委会和街道办事处的指导服务与重点培育范围。强化社会组织信息公开、年度检查、随机抽查、工作约谈和重大事项报告等监管措施，引入第三方评估和信用评级制度，促进社会组织在机构设置、内部管理、业务活动等方面的规范性。重点落实社会组织党组织建设工作，严格社会组织的内部制度管理和财务管理的规范运行，提高参与社区治理能力和社会公信力。

6.1.3　加快社区工作者向专业社会工作者转变

1. 全方位提高社区工作者素质

社区治理工作的推进，与社区工作者的综合素质与履职能力息息相关。面向社会招聘专职的社区工作人员要以掌握本社区群众对社区服务的实际需求为基础，严把“入口关”，对掌握一定社会工作技能与熟悉社区治理工作的人员优先考虑，对取得相应学历和持有社会工作师证书情况等提出更高要求，确保招聘入职的社区工作者质量过关。在过去的社区治理过程中，“红袖章社区大妈”是最常见的社区工作者，这背后反映的其实是一种经验主义的社区治理模式；在当今“三社联动”机制扎实推进情况下，面对越来越复杂的社区问题与服务需求，应该按照“社会化、专业化、科学化、多样化”的原则，全力建立一支政治过硬、素质优良的社区工作者队伍，努力打造社区工作者“进入有门槛、待遇有保障、评价有依据、提升有标准”的规范化管理机制，向职业化和专业化方向转变。

在多方位提高社区工作者能力素质的同时，有必要提升社区工作者队伍社工化水平，让其快速适应履职需求。加快构建社区工作者培训教育、素质拓展、能力施展的人才培养体系，聚焦社区治理、民族社工、居民服务、社区党建等内容，组织开展初任培训、专业培训、更新知识培训、常态化的业务培训和人员全覆盖培训，并加强社区工作者的奉献担当主题教育和轮岗锻炼，不断提高社区工作者专业化服务能力。有针对性地开发专业社工岗位，吸引持证社工到社区上岗，组织大量爱心人士作为义工和志愿者，并向其推广社会工作理念、方法和技术，促使社区工作者、社会工作者和义工（或志愿者）之间的专业合作、共同成长，协力提升社区社会工作水平。与此同时，要对现存社区工作人员进行结构优化和能力提升，强化社区工作者职业体系建设。目前，民族地区城市大部分社区工作人员的年龄结构还是以中老年为主，持有社区工作者职业证书的大学毕业生数量明显不足，要逐步变革为老中青梯度结合的人才体系模式，加强社区后备干部的储备培养工作，重点加大对高校社工专业毕业生的招聘力度，发挥其在知识积累、专业技能和学习能力方面的优势。

2. 加快社区社会工作者的职业化和专业化进程

“三社联动”要持续地“火”下去，还必须提高社区工作者的专业化服务水平，这是最经济、直接、简单的方法。随着社区自治空间的不断扩大，社区工作人员作为与社区居民联系最紧密的群体，对于社区事务、社区矛盾和社区议题最熟悉、最有发言权，也是社区居民最信得过的群体，是弥补专业社工服务社区的重要力量。因此，提高社区工作人员的专业化水平越发重要，而一个经验丰富的社区工作人员在系统地学习了社会工作理论与方法之后将能提供更专业的服务。社区可以将社区工作人员考取社工资格证纳入社区服务绩效考核的标准中，加大对社区工作人员的专业培训，提升其对社区服务从业者的理论认知和对社会工作重要性的认知，加快实施社会工作者职业水平考评制度，形成社会工作岗位评价指标体系，建立专业社工绩效补贴与领办服务项目挂钩机制，鼓励更多优秀人才从事社会工作。同时，借助当地高等院校开设社工专业、培养专业社工人才的得天独厚优势，引导社工专业学生在社区实习，加强初级社工人才储备和向专业社工组织输送后备人才的工作。采取多种举措加强社工人才的培养、引进和使用，落实对于持有资格证书上岗的社区工作人员的福利待遇补贴政策，从制度完善和提高薪酬激励两个方面提高社区工作人员工作素质、专业水平和服务能力，推动社区专业社工职业化、专业化发展。

3. 建立有吸引力的社区工作人员激励机制

针对社区社会工作者流失严重的问题，要稳步提高社区工作者的待遇水平。在科学设置社区工作岗位的同时，还要建立相应的绩效考核体制和激励晋升机制。重点面向享受政府生活补贴的专职从事社区党务和社区服务管理的工作人员、社区劳动保障协管员、劳动关系协调员和纳入社区工作站管理的残疾人专职委员等社区工作者，设置分岗分级薪酬制度。例如，可以参照浙江省的做法，将专职社区工作者岗位等级分为社区正职、社区副职和其他人员三类，各岗位按照专职社区工作者的工作年限、受教育程度、相关专业水平设置相应等级，每个等级有相应的知识和能力要求，直接与薪酬等级挂钩。再结合本地社区工作实际和财政能力，设计“基础补贴+工作津贴+职业水平津贴+绩效补贴+社会保险补贴”的待遇结构，以 1~2 年为绩效考核周期提升总体标准，在绩效补贴、工作津贴和职业水平津贴等岗位津贴的个别项目上，根据业绩表现略做升降调整，在个别财政实力允许的地区还可设置福利补贴和年终奖金等综合性奖励，确保社区工作从业人员的薪酬待遇水平不低于本地在岗职工平均工资标准。建立与岗位等级和绩效考核相衔接的社区工作者薪酬体系，吸引专业社会工作人才涌向社区工作岗位。

另外，还要积极打通常态化的晋升通道，打破社区工作者职业发展的“天花板”困局，使社区工作人员在工作上有盼头、有干劲，看得到自己专业工作的升值通道。如建立社会工作继续教育制度，定期选派社区优秀社会工作专业人才分期分批赴国内外社会工作先进的高校和社区进行学习，不断完善知识结构，开拓视野，学会新想法、新技能，提升民族地区社会工作者的社工能力。目前，民族地区社区工作人员大部分属于“合同聘用制”或者“劳务派遣制”，直接转为事业单位工作编制的通道已变窄，但为了调动社区工作者积极性，还是要适当留有转为事业编制和公务员编制的通道，加大从优秀社区工作者中定向招录街道公务员、事业编制人员的力度，开展公开选拔、竞争上岗或调任考试担任街道科级领导职务的试点，协调各部门落实转岗转编的政策承诺，优化社区工作者的职称、待遇和晋升阶梯。

6.2 优化制度设计，让“三社联动”真正有序地“联”起来

6.2.1 加大“三社联动”政策创制力度

“三社联动”的有序开展，必须要以健全的政策法规和制度规范作保障，这对于社区发展滞后、社会工作事业开展较晚、社会组织发展水平偏低的民族地区尤为关键。只有加速“三社联动”政策制度的创制进程，才能为“三社联动”的有效推进打下坚实基础。

1. 完备“三社联动”政策法规

目前，在民族地区城市社区“三社联动”的试点示范建设中，配套的法规政策、实施方案和任务分工等顶层制度基本建立，也成为民政部督导验收实验结果的一项重要评价指标。下一步就是如何把“三社联动”顶层制度设计和试点经验总结好、提升好、推广好。尽管民族地区内部各城市的社区环境有差别，社会组织和专业社工发展程度不同，但在“三社联动”的总体目标、主体角色和任务分工等设计原理上基本是相通的。因此，要想让“三社联动”在民族地区大面积推开，各地区必须要根据本地实际，加快完善“三社联动”制度架构和实施规范等“纸面上”的政策法规，让“三社联动”先有“联”起来的合法性和可能性，然后再逐步查漏补缺，加强专项政策的创制和完善。当前，民族地区具备“三社联动”试

点条件的城市，可根据国家推进“三社联动”的指导思想和政策精神，在参照B市试点经验的基础上，形成适应本地“三社联动”的指导方案和实施办法，并细化和可操作化为年度工作计划，努力使其从原则性、指导性的宏观设计深化为具体性、可落地的微观操作，避免各地出现没有方向的探索和缺乏标准的实验情况。例如，在出台的政策方案中必须明确“三社联动”机制的具体内容、总体目标、任务分工、合作领域和项目实施方式，落实责任主体及其权、责、利的有机统一；参考借鉴B市“三社联动”试点的经验教训，重点围绕社工岗位开发设置、社区社会工作专业人才培养引进评价、“两工互动”、政府购买服务、志愿服务记录使用等方面，完善相关政策制度，确保“三社联动”实施总体方案与社区服务专项计划的有效衔接，从而实现三社“联”起来的合规性和指向性。

2. 健全“三社联动”基本制度

“三社联动”基本制度的创制和健全，是支撑其活动开展的基石。在未来五年，B市逐步加大市区级层面对“三社联动”的组织领导和资金投入，在街道层面建立健全“三社联动”基本制度，聚焦精准精细服务，深化社区内涵建设，加强“三社”在社区服务中的深度融合，在融合中促联动，在联动中保发展，特别是向社区扶危助困、为老助老、矛盾调处、居民融合、青少年服务、妇女儿童服务等领域倾斜。健全的“三社联动”基本制度包括以下4个方面。

（1）联席会议制度

在街道层面，建立由街道办、社会组织、社会工作服务机构等人员参加的联席会议制度，解决“三社联动”从服务项目规划、资金保障、资源配置到研讨需求、落实服务项目等问题，并负责监督三社联动服务过程和效果。在社区层面，建立由社区党组织、居民委员会、业主委员会、社会组织、社会工作者、驻区单位和居民代表等参加的联席会议制度，重点聚焦社区居民的“急、难、愁、盼、怨”等问题，即以需求为导向进行服务项目的设计、开发和实施，形成需求反馈制度和活动联办制度，并根据居民评价反馈来不断调整服务方向，满足社区居民的动态化需求。

（2）组织联建制度

持续深入地开展社区居委会“去行政化”的工作，建立居民调解、治安保卫、公共卫生、民族社工、群众文化等专业性工作委员会，同步完善社区协商议事委员会、居务监督委员会和业主委员会等参与性工作委员会，并在社区党组织的核心领导下，引导社会组织吸纳社会工作专业人才。建立社区党组织、居民委员会、社会组织和社会工作者队伍职能相对分离、任职相对交叉、专兼职人员并用的社区组织联建结构，促进“三社”的角色归位、行动协同和融合共进。

（3）信息联动制度

完善市、区、街道社区三个层级的社区服务信息联动制度，重点包括与相关社会组织在“三社联动”服务中的信息收集、反馈和调处机制，确保上情下达、下情上传和信息共享，随时掌握“三社联动”服务供给、资源配置和运行态势。实现社区、社会组织、社会工作专业人才、社区服务对象之间互动的信息化、数字化和智能化管理，促进社区服务供给与社区居民需求的无缝对接。

（4）服务联办制度

民族地区基层政府还是要坚定不移地充分发挥主导作用，但要明确划定“主导”和“放权”之间的责任界限。主导建立“以社区为平台、社会组织承接、专业社工引领、项目化运作、志愿者参与”的服务模式，依托政府购买服务、项目制管理和公益创投等社会化、市场化手段，放权“三社”在社区服务中的活动空间，并在发挥各自先天优势的基础上，以赋权促联动，以增能提水平，对社区服务需求任务进行导向性分派，进一步规范联动服务流程，促进“三社”主体之间资源共享、信息互通、优势互补、能力提升。

6.2.2 抓实基层社区党建引领工作

“三社联动”机制的规范运行，党建引领是“总引擎”，必须牢牢抓住基层党组织建设“牛鼻子”。民族地区城市社区要始终把基层社区党建作为贯穿“三社联动”工作的主线，这是民族地区维护安全稳定形势的必然举措，也符合新型社会治理格局的建设要求。

1. 突出组织引领，夯实“三社联动”根基

社区党组织是引领社区共建、共治、共享的组织载体，不仅要在横向上加强区域化党建，建立社区基层党组织与社会组织功能性党组织协调运转机制，还要在纵向上健全“街道党工委+社区大党委+小区党支部”的组织体系。吸引区域内社会组织等其他主体的党建资源进社区，吸收各参与单位党组织负责人担任社区党组织兼职委员，共同讨论决定辖区内重大事项问题。健全双向沟通、议事协商、服务协调等工作制度，定期召开市、区、街道社区三级联席会议，协商确定基层党建重点工作和社区服务项目安排计划，有效地把党组织的意图融入“三社联动”社区服务中，让党建宣传进社区、入人心，实现组织和服务引领，促进“三社”主体的融合共治。

在孵化和培育各类社会组织过程中，加强社会组织党组织建设十分必要。民族地区社会组织进入了快速发展期，要着重突出党建工作在社会组织成长中的引领作用，通过出台相关法律、完善组织结构、健全规章制度、搭建有效平台、加强财务收支管理等，实现党组织对社会组织的全面规范引导。如区级层面的“两新”组织①党工委和社会组织党工委强化对社会组织的统筹谋划、宏观指导、协调推进和任务落实，突出街道社区层面的综合党委对社会组织党建工作的兜底管理，确保社会组织发展方向不偏、服务目标精准。

2. 突出能力引领，聚合社会多方资源

通过社区网格内的片区型党组织网络，对属地管理下的社区党建资源进行全方位的整合，用党的资源来撬动、聚合和用好各种社会资源。确保

① “两新”组织是指新经济组织和新社会组织。原来的党建工作主要以社区党建为主，但随着经济社会的发展，涌现出越来越多的新社会组织和新经济企业，很多党员进入“两新”组织中工作，成为新时期党建工作的重要内容，而为了有别于原来的社区党建，称为“两新”组织党建。

财政优先拨付社区党建工作经费和服务群众专项经费，推动人、财、物等资源向城市基层社区下沉，尽可能把“三社联动”权力、资源、服务、管理放到基层社区第一线，在社区减负、社区工作人员队伍建设、社区投入保障等方面持续发力，使社区党组织有威望、有能力聚合社会多元力量，有资源、有条件吸引社会组织为社区群众服务。在社会组织服务中心建立党支部，加强对社会组织的培育孵化、资源拓展、赋权增能和凝聚维系，提升社会组织的规范性和自律性。进一步探索“网络+网格”“网络+业主管理委员会”“网络+社会组织”等共管模式，把社区各类组织统筹起来，建成“互联网+党建”管理体系。

3. **强化机制引领，促进社区协商共治**

民族地区城市社区现阶段需要以党建带动社区发展，以党建引领“三社联动”。重点增强社区党组织对社区治理的统筹能力、服务能力和凝聚能力，强化党组织领导下的协商民主机制，将党的政治优势转化为服务优势。根据社区服务对象需求和现实存在的民生问题，落实“社区需求由居民表达、社区问题由居民讨论、社区事务由居民参与”的理念，坚持“民事民议民办民决”原则，采用“五步工作法”统筹设计服务项目，引入专业社会组织承接和专业社会工作者服务。将“三社联动”机制与收集协商议题、制订协商方案、开展民主协商、确定协商成果、评价协商成果的“五步工作法”巧妙融合，是一种借用民主协商方式释放居民自治活力的有效手段，可使社区居民实现共建共治，有力提升居民自治能力。

6.2.3 深化“三社”主体合作协同机制

“三社联动”的终极目标是要形成良好有序的社区治理，而其中涉及的领域和问题方方面面，需要多元主体的积极参与和通力配合。通过建立多元治理主体横向合作机制，实现“三社”在社区治理结构上的嵌入、功能上的互补、行动上的协调和资源上的整合；完善不同政府部门纵向协同机制，在“三社联动”的领导分工、职能划分和归口管理上明确有序，使“三社”分工合作有规范、行动有章法、步调相统一。

1. 建立多元治理主体横向合作机制

“三社”主体要想在联动过程中“不越界”“不冲突”，前提是在顶层制度设计中严格厘清社区、社会组织、专业社工的角色功能和职责权限。通过明确“三社”的职责分工和主导优势，详细界定各自拥有的资源和可提供的服务项目，深化“三社”之间横向合作机制，让各个主体“联”起来有目标，“动”起来有章法。以B市“三社联动”的经验看，目前“三社”主体的角色定位基本明朗，联动的框架边界大体清晰，但最大的问题是多元主体的主动参与意识较弱，如果缺少了政府推动、街道“牵头”，“三社”就很难联动起来。究其原因，还是基层社区党组织的引领带动作用发挥有限，政府放权力度不够，社区服务的社会化程度不足。因此，现阶段民族地区城市社区治理要有序建立多元主体横向合作的机制，以社区党委为领导核心，本着平等对话、理性引导、合作共赢的原则，拓宽“三社”等社会力量的参与面，形成政府、居民委员会、群团组织、社会组织、业主委员会、物业公司、辖区单位、社区居民等积极参与的社区治理架构。大力推进“三社联动”联席会议制度和社区民主协商制度，这是实现多元主体横向合作机制的重要载体形式。

2. 健全不同层级部门纵向协同机制

“三社联动”机制的有效运行，离不开市、区和街道各层级政府的支持和推动，更离不开相关政府职能部门行政权力的行使和财政资源的注入。科层制下政府部门的职能具有高度专业化特点，虽然确保了自上而下的垂直式管理，但也会造成部门之间的条块分割、利益保护和信息封闭，阻碍资源交换和信息交流，如果缺乏更高层级的部门统筹领导，则很难整合优势资源形成合力。因此，民族地区各级政府和相关职能部门要积极发挥行政力量对“三社联动”机制的推动作用。例如，成立各级“三社联动”领导小组，强化不同层级民政部门内部社区建设、社会组织管理及社会工作发展机构之间的协作联动，加强民政部门和财政部门之间的信息沟通、工作配合和政策衔接，确保资源调配的合理顺畅。健全“三社联动”的领导分工机制，逐步分层细化权责归属，形成分管领导负总责、具体部门抓落实的管理体制。涉及社区事务的各级政府职能部门要熟悉“三社联动”的实施机制，明确本级部门的垂直领导机构，避免出现多头指挥和联合指挥，确保领导指挥的有效性和权威性，真正实现本地本级“三社联动”的统筹规划、决策协调和监督检查等工作的落实到位。

现阶段，民族地区城市社区“三社联动”应形成由区级党委领导、政府牵头抓总、区级民政部门具体指导、有关部门积极配合、“三社”主体具体实施、社会公众广泛参与的工作机制。重点加强政府职能部门之间在社区服务方面的信息共享和资源互动，通过建章立制和制度规范来明确多元利益主体的职责权限，不断优化领导体制，树立“一盘棋”意识，建立不同职能部门之间的关系协调机制和资源共享机制。

6.3 增强机制保障，让“三社联动”切实有效地“动”起来

6.3.1 完善社区议事协商机制

当前民族地区城市社区“三社联动”的试点实践多是以政府购买服务的方式为牵引，吸引社会组织和专业社会工作者融入社区，形成政社协作的社区公共服务供给网络，但居民服务需求与服务供给之间的匹配度不高，政府资源、社会资源与“三社联动”服务项目之间的契合度有待提升。因此，需要在促进“三社联动”服务供需对接、提升服务资源整合方面寻求突破，重点完善社区居民需求识别机制、项目化运作机制和政府购买服务评估机制，畅通“三社联动”服务前、中、后三个阶段的循环保障。

1. 健全居民需求表达和识别机制

新时代城市社区公共服务需求的专业性、复杂性、差异性和动态性特

征尤为明显，这也进一步加剧了与社区服务资源有限性之间的矛盾。①“好钢用在刀刃上”，将有限的购买服务资金用于社区居民“急、难、愁、盼、怨”等问题的服务项目供给上，在具体服务项目上有机整合相关主体的优势资源，让专业的组织和人员提供专业的服务和指导，使“三社联动”服务资源的整合更加精密、投放更有效率、使用更有效能。

科学、合理地设计社区居民服务需求的发现、识别或征询机制，是实现“三社联动”服务到位和服务精准的前提条件。政府向社会力量购买服务，首要问题是解决购买服务的类型、数量和质量，即如何确立服务项目和服务标准。这不是由政府自上而下单方面所能决定的，而应是社区服务对象的主动选择。“三社联动”中多方资源的有效整合和优化配置，依赖于服务项目的确立，开始于社区居民的需求识别。因此，基层社区党组织应引导社会力量建立社区居民协商机制，畅通居民需求的表达渠道。如通过社区业主代表大会等载体，吸引以社区居民为主体的多方力量参与议事协商，完善居民需求发现和征询机制，确定具有共性需求的紧迫项目，并与有承接能力的社会组织进行需求和资源的匹配对接，找到多方利益的最大公约数，进而科学投入和合理配置优势资源。另外，亦可引入第三方评估机构，对服务项目进行精准评估，确保项目实施可操作；或是通过向第三方购买调查服务等方式，借助社会组织和高等院校社会工作专业学生等力量，开展“问需于民”的居民需求调研活动，拓展社区居民需求调研分析的深度和广度，确保真实反映社区居民对社区公共服务的需求内容和水平，进而有针对性地筹集社会资源，汇集到社区服务平台，实现社区服务资源供给与社区居民需求的精准有效对接。

2. 提升社区协商机制的有效性

民族地区城市社区要积极探索形式多样的居民有效参与的社区治理方式。在深入社区治理体制机制改革实践的基础上，出台《居民议事规范》

---

① 曹海军，薛喆．政府向社会力量购买服务的三个阶段分析［J］．中国行政管理，2018（8）：41-45.

《物业协作协商规范》等社区协商议事的制度标准，注重形塑社区群众需求和社区发展的目标认知。创新“居民议事会”“党员议事制”等协商平台，运用社区工作者联户包片的“网格化”管理机制，推行分楼宇、分小区、分社区和分区域的层级议事制度，并采用制度形式达到规范化、常态化要求。建立项目决策制度和评估制度，通过社区协商、民主投票、畅通议事渠道，及时掌握居民需求和现实问题，确定共性需求项目、承接机构和项目实施方案，激发社会力量参与，实现“小事化解于楼栋、急事分解于社区、难事解决于辖区”的工作目标。

6.3.2 推进项目化管理运作机制

在对社区服务需求进行征询识别、收集汇总和评估筛选后，基层政府需要通过向社会力量购买服务的项目化运作方式，来促进“三社”的合作联动和服务供给。优化政府购买社区公共服务的相关制度和政策，明确政府购买社区公共服务的项目范围、评价标准、职责分工，实施“政社协作、项目运作”购买服务的标准化流程管理，这既能推动基层政府、“三社”与社区居民之间的有效互动和衔接融合，又可通过项目化运作机制培育社会组织进而充分发挥其公共服务能力。

1. 运用项目化管理方式培育各类社会组织

各种类型的社会组织是承接政府购买服务项目的主力，而社会组织是否具备相应的资源和承接能力则至关重要。因此，应根据社区居民需求的重点领域，有针对性地培育、赋权、增能对应类型的社会组织。首先，运用“项目化管理、专业化运作、社会化发展”模式培育社会组织，即通过多种类型的项目实践来加快社会组织服务能力和组织化程度的提升。可定期投入资金开展公益创投，在街道建立招标平台和服务对接平台，免费提供场地和社区资源，积极培育和引进专业社会组织参与招投标，并引入竞争机制，督促社会组织在承接项目、运营项目过程中不断做大、做强。其次，基层政府定向扶持社工服务机构，用政策鼓励、专项资助和税收优惠等方式，助力社会组织开展为老、助残、救灾、济困、青少年成长、特殊人群干预等社会工作实务项目，并加强政府、高等院校和社会组织之间的合作沟通，通过专业督导将传统的社区服务项目改造为具有现代专业社工理念的新型项目，真正落实到社区服务实践中，不断提升满足社区居民个性化需求的专业服务能力，彻底改变社区服务品质。最后，大量引进枢纽型社会组织①，克服民族地区社会组织培育缺乏学科专业支撑和专家团队的瓶颈，提升同领域社会组织的资源获取能力，形成社会组织孵化、培育新模式。

2. 规范“三社联动”项目化运作流程

凝练了需求、确立了项目、搭建好平台、准备好组织承接后，下一步就应在规范、有序、竞争的环境规则下开展政府购买服务活动。如遵循“对象要准、需求要清、服务要实、目标要明”的要求，基层政府进一步完善政府购买服务目录、购买公益性岗位目录、政府职能转移目录、具有承接能力的社会组织目录，明确“负面清单”。逐步优化“三社联动”项目化运作流程，明确“三社联动”服务项目的发布内容、申报方式、申报要求、申报条件、工作程序，设置较为科学的项目设立标准、申报主体、申报流程、责任主体、资金管理与使用规则、招投标过程与合同管理等。建立“政府立项、政府采购、合同管理、民间运作、评估兑现”的服务供给政策体系，依托项目化运作整合“三社”各方力量，实现“三社联动”项目化运作与常规性服务的有机结合。建立一套成熟的社会组织承接项目、社工团队执行项目、面向社区实施项目的运行机制，以回应群众需求、解决社区问题为出发点，做强、做精“三社”主体，创新出具有民族地区特色的以购买服务为保障、项目化运作为纽带的“三社联动”服务机制。

---

① “枢纽型社会组织”的概念首次出现在2008年9月北京市社会工作委员会出台的《关于加快推进社会组织改革与发展的意见》。北京市《关于构建市级“枢纽型”社会组织工作体系暂行办法》中指出：枢纽型社会组织是由负责社会建设的有关部门认定，在对同类别、同性质、同领域社会组织的发展、服务、管理工作中，在政治上发挥桥梁纽带作用，在业务上处于龙头地位，在管理上承担业务主管职能的联合性社会组织。

6.3.3 健全社区服务考核评估机制

“三社联动”涉及的环节较多、过程烦琐、主体多元，进行全方位、全过程、多主体的考核评估费时费力。特别是在民族地区城市社区治理中，各方资源紧缺，社区工作人员事务烦琐，第三方评估机构的专业性和权威性缺乏完善的法律法规保障。因此，现阶段不宜对“三社联动”采取全程跟踪式和多主体全覆盖的评估办法。应坚持结果导向和“抓大放小”原则，着重对政府购买服务评估“把好关”，将社区居民对“三社联动”实效是否满意作为根本评价标准，建议引入社区服务对象、购买服务主体、研究院性质的第三方评估机构，对“三社联动”进行有重点选择的定量评价和定性评价。

1. 明确重点评估内容

“三社联动”过程和实效的评估不可能面面俱到，较为现实的选择是，根据各民族地区城市社区客观实际，围绕社区居民的需求和意愿，有针对性地确立评估的重点领域和内容。归纳而言，在民族地区城市社区“三社联动”发展初期阶段，应在“三社”主体联动状态、政府购买公共服务、社会组织孵化培育、社会服务项目化、社区服务项目、社工人才培养方面进行重点的系统评估和量化考核，最终把社区居民是否满意作为服务成效好坏和水平高低的根本评价标准，建立对应的纠偏机制和激励机制，增强“三社”服务动力。

2. 细化评价标准

设计一个有效、科学的评价标准体系难度很大，特别是“三社联动”的实效评价不能单纯考虑“投入-产出”“成本-收益”等经济效益，更多应注重社会效益和政治效能，有些指标也不易或不能实现量化对比。但可以确定的是，建立以社区居民满意度为核心的服务购买评价体系是最根本、最直观有效的。因为新的社会治理理念特别强调发展为了人民、发展依靠人民、发展成果由人民共享，社会治理的成效检验要始终以“人民同意不同意、高兴不高兴、满意不满意”为标准，理应作为“三社联动”等社区治理工作的出发点和落脚点。

针对民族地区城市“三社联动”实效评估，应重点做好政府购买服务效果的反馈评估。建议从购买者、承接者、使用者、评估者四个角度，围绕投入成本、效率、社会公正和居民满意度四个维度进行指标设计和测量。将基层政府（购买方）、社会组织（承接方）、社工团队（服务递送方）、社区居民（受益方）作为评估主体，分别根据自身需求、利益诉求和行动目标，设计购买服务实效的评价指标和标准，并以各方资源禀赋为基础，发挥评估的专业性，以专业性评估推动专业服务的开展。[①] 为了确保评估的全面性，既要有政府实施的考核评价，也要引入专业力量实施第三方评价，并综合各方反馈意见，修正或完善政府购买社区服务行为，将“三社联动”运行纳入标准化管理。

6.4 激活内源动力，让“三社联动”持续发力地“火”起来

6.4.1 为居民委员会让渡依法自治的空间

社区居委会在“三社联动”中发挥着举足轻重的作用，是组织和动员居民参与社区服务活动的重要力量，是引导和支持社区社会组织提供服务的主要推手，是社区服务资源、行政权力资源和其他社会资源在社区平台能否实现有效对接的关键所在。因此，理性回归社区居委会的自治本质，激活社区居民参与社区治理的内在动力，对发挥居委会在“三社联动”中的主导角色和融合功能尤为重要。

1. 理顺基层政府与社区居委会之间的关系

清晰界定行政权与基层自治组织自治权之间的边界，一直是社区治理

① 曹海军，薛喆．政府向社会力量购买服务的三个阶段分析［J］．中国行政管理，2018（8）：41-45.

体制改革的热门话题，但似乎也不是那么轻易就能解决的问题。在目前民族地区“三社联动”实践中，仍要不遗余力地将《中华人民共和国宪法》和《中华人民共和国城市居民委员会组织法》中关于基层群众自治组织的相关条款规定从“纸面”落到“地面”。首先，从加大法律宣传和公众认知角度而言，明确基层政府及其派出机构与社区居委会之间是指导与协助的关系，而不是行政隶属或是“跑腿”关系。通过社区协商制度等民主自治方式，形成“居民的事居民议、居民的事居民定”的自主、自愿、自治氛围，改变街道办与社区居委会之间“领导与被领导、命令与服从”的纵向网络关系，促进其各自职能和角色的回归。其次，民族地区城市各级民政部门根据本地实际和社区发展特色，认真划定社区居委会职能，制定社区公共服务事项准入制度和职责目录，做到居委会职能、职责和任务“三清楚”。研究制定规范的社区居委会成员民主评议、考核奖惩、绩效薪酬、错时上下班等日常管理制度，保证政府社区管理在不挤压基层自治空间的前提下，合理解决街道办职能和社区居委会职能高度重叠的问题，明确各自的权力清单，按照《中华人民共和国城市居民委员会组织法》规定，为基层自治组织让渡出依法自治的必要空间，① 促进行政管理目标和基层自治目标的协调、共生和共融发展。最后，在《中华人民共和国宪法》和《中华人民共和国城市居民委员会组织法》的规范下，民族地区市级政府可细化规定政府对社区居委会授权事务的范围和限度，社区居委会自身工作的主要方式和方法，以及政府对其人力、物力和政策方面的支持等具体事项，并将指导性的法律变为实际可操作的规定，② 给基层社区委员会开展自治活动提供具体可操作的法律政策依据。

2. 消除阻碍社区居委会自治的限制性因素

社区居委会是社区居民自我管理、自我教育、自我服务的基层群众性自治组织，这是法律明文规定的社区居委会性质。但为何在现实中社区居

① 江治强．“三社联动”驱动社会治理创新［J］．社会治理，2016（3）：62-70.

② 解红晖．城市基层政府与社区自治组织的良性互动关系［J］．社会科学家，2013（1）：45-48.

委会却成了政府的“腿脚”？为何社区居民认为社区居委会也是可有可无的存在？究其原因，主要是有一系列阻碍其实现自治的限制性因素，如社区居委会自治能力和影响较弱、对基层政府依赖性过强、居民对其认可度偏低等，消除上述障碍，使社区居委会真正实现组织自治，是未来“三社联动”持续注入活力的前提。首先，增强社区居委会的筹资能力，壮大经济实力，实现财务独立。例如，鼓励社区成立基金会，吸引社会资金资助社区建设，提高驻区单位和社会企业对社区活动的赞助，加大政府购买服务力度和政府专项投入，在社区服务资金使用范围和领域等方面实现社区居民协商自管，减少基层政府和街道的行政命令和任务指派，实现财务独立自管。当然，这与基层政府对居委会的财政支持并不冲突，反而需要加强基层政府对社区硬环境设施建设的投入力度，不断改善社区居委会人员报酬、工作经费和工作条件。其次，推行权力清单制度，防止基层政府及其派出机构用行政手段干预基层社区自治范围内的事情，禁止随意采取行政指派等强制命令方式向社区下达指令性任务和考核指标，扩大社区民主协商范围，设置以社区居民为主、多方力量参与的协商机构和监督机构，监督社区“两委”工作。鼓励社区居委会等基层自治组织自主筹集资金、动员社区资源、自主协商决策，逐步提高依靠自身获取资源的能力和服务社区居民的行动能力。最后，通过法律政策宣传和“三社联动”优秀案例示范，提高社区居民文化素质，培养社区共同体意识，指导和帮助居民掌握社区协商议事程序方法，提高协商自治、自管能力，在社区营造浓厚的“共治”“协商”氛围。

3. 提升社区居委会的自治能力

社区居委会“去行政化”是社区治理体制改革的必然趋势，也是增强“三社联动”活力的重要条件。在欠发达的民族地区，居委会去“行政化”的改革步伐要考虑到实际情况是否允许、条件是否具备。至少从当前来看，民族地区城市“三社联动”中的社区居委会一旦彻底与政府机构和行政资源脱钩，短期内是无法开展社区治理活动的，其还不足以承担起组织多元社会力量参与社区服务的能力，必须在基层政府的支持、引导甚至是主导下进行。这是由于民族地区长期社区管理行政化模式的惯性影响，也是居委会等基层自治组织发展不充分和自治能力不足所致。因此，需要在理顺基层政府及其派出机构与社区居委会自治组织之间关系的基础上，循序渐进地培育社区居委会的自治能力，在一些不涉及民族宗教关系和边疆安全稳定的领域，有意识地培养社区居委会“带头”组织社区服务活动的条件和能力。例如，放手一些生活类社区服务让其独立发起和承担，通过社区自主协商和公共决策程序来决定社区公共事务及其项目化运行的承载机构，将政府下沉的行政资源合理配置并与社会力量的优势资源相协调，把社区居委会干部从繁杂的行政事务中拉回到为社区居民服务中去，等等。

6.4.2 为社区社会组织提供培力服务

从 B 市“三社联动”试点经验看，政府出台了多项政策来促进社会组织发展，尽管实现了数量上的大幅增长，但质量却不尽如人意，而且存在少数社会组织“垄断”政府购买服务市场的现象，造成一些边缘弱小的社会组织发展日益萎缩。从长远看，社区社会组织应承担起“三社联动”服务居民主体的职能，毕竟其在集结居民意愿、化解社区矛盾、促进民族融合、激发社区活力、扩大居民参与、推动社区自治、引领社区志愿服务、营造社区文化等方面有着灵活性强、扎根社区和服务及时便捷等突出优势。民族地区在社会组织的孵化培育过程中，应扬长避短，着力加强对社区社会组织的能力建设、赋权培力和社会资本积累。

1. 有重点地拓宽社区社会组织的发展空间

目前，民族地区专业性和规模化的社会组织或社工服务机构数量相对有限，在社区居民日常性、非规模化、细微性的社区服务需求满足中难以“大显身手”，对其孵化时间和培育成本也相对较高。由社区居民自发组成的社区社会组织因其灵活性、便利性和接地气的特点，更贴近居民生活，在现实发展中也有一定的群众基础，理应成为民族地区“三社联动”中的一股重要力量，可重点在规范管理、引导发展和增量提质等方面下功夫。首先，均衡社区社会组织发展类型，加大对居民互助类、社区发展类、慈善公益类、社区维权类和科技服务类等社区社会组织的发展扶持力度，优先为服务于老年人、残障人士、青少年儿童的社区社会组织提供培力服务。其次，全面放宽社区社会组织准入门槛，采取直接登记或社区备案管理制度，逐步完善社区社会组织在登记注册、年检、财务管理、信息公开、退出等方面的政策，简化登记程序，先让其成立起来，然后在活动开展中逐渐规范和成长。最后，基层政府积极营造社区社会组织发展的良好环境，减少对其行政性指令约束和登记限制性条件，深化备案管理制度，使众多不满足登记条件的社区社会组织能以备案合法身份开展活动，同时在资金、场地、人才和业务指导等方面给予政策支持，将社区社会组织培育发展与社区建设结合起来，推进规范化建设，增强服务能力，为其快速成长提供发展空间。

2. 对社区社会组织进行赋权增能建设

加快民族地区城市社区社会组织发展，要有“扶上马，送一程”的建设理念和思路。除了宽松发展制度政策来解决社区社会组织的增量问题外，还要加强对社区社会组织的孵化培育和赋权增能建设，从而实现其存量结构的优化。一方面，发挥社区社会组织枢纽平台的支持功能，深入挖掘社区社会组织种子，通过发现社区能人、完善组织架构、规范组织制度和提升组织能力等手段，孵化培育备案或草根社区社会组织，在入行引领、场地支持、资金投放、服务聚焦和能力培训等方面提供支持，特别是运用政府购买服务和社区小微项目资助为主的项目化管理运作手段，加快社区社会组织的制度体系建设，提升其开展活动的能力。另一方面，根据社区社会组织的性质、功能、规模、业务、成员与服务对象的不同，采取分类监管与考核评估，加大居民满意度在社区社会组织评估中的权重，使那些绩优的社区社会组织能够得到持续支持，激发服务动力和活力，使其服务行为逐步从被动变为主动、从被管理者变为社区建设者。

6.4.3　提高社会工作者职业认同度

民族地区社会工作者“引不来、留不住、干不好”的问题由来已久，理论界和实务界也一直寄希望于通过建立薪酬激励机制和打通职业晋升通道来解决，但成效甚微。社会工作者数量不足和职业倦怠现象，给“三社联动”人才支撑设置了障碍，可在继续深化专业社会工作者激励机制的同时，重点推广由社工带动义工的“社工+义工”服务模式，多措并举丰富“三社联动”人力资源。

1. 完善社会工作者激励机制

影响社工职业认同度的因素是多方面的，但从民族地区社会工作者发展现状看，社工行业整体发展程度、社工机构管理水平、职业薪酬、职业声望与社会认同、职业晋升渠道及职业前景等是影响社工职业认同的重要因素。因此，应从上述影响因素入手，“对症下药”，维持社工队伍的稳定性。首先，政府为社工行业和社会工作服务机构发展争取更多的物质资源和政策保障。例如，按照本地社会平均工资的一定比例来定期提高社会工作者和社区工作人员的薪酬待遇水平，设置合理、可期待的社工人才晋升和发展通道，让其不为生计发愁，还能体面工作。其次，通过网络、报纸和新媒体等各种媒介资源，加大社会工作在公众中的宣传力度，提高公众对社会工作的知晓度和认可度，让社会工作逐渐形成备受尊敬的职业。最后，通过引进培养、岗位开发、职业空间拓展、薪酬提高、完善激励制度等办法，甚至采用“感情留人”等手段，让社会工作人才能在民族地区安心工作，稳定社工队伍。例如，建立健全社会工作人才使用、内培外引、绩效考核和薪酬正常调整等机制和政策保障；各级政府每年要从本级财政预算中安排一定比例的资金，通过政府购买和政府资助等方式，用于扶持社会组织、奖励社工人才；注重职业技能和职业认同的长效性培训，提高社会工作专业人才队伍的服务能力和职业认同感。

2. 推广“社工+义工”双工联动模式

民族地区城市社区社会工作必须脱离传统民政工作的行政化模式，通过购买社会组织志愿服务的方式，委托专业的社会组织开展各类志愿服务活动，在“三社联动”服务中以专业社工带动社区义工或志愿者①一同参与，让专业社工服务切切实实地扎根于社区建设。可将B市社会工作人才培养模式进一步推广，深化“培养专业社工，社工引领助工，义工协助社工，群众参与义工”的互动格局，尤其是要通过建立志愿服务记录制度，支持社区社会工作者带动和引领社区党员、退休人员、灵活就业人员参加社区服务，不断充实社区工作人力资源结构。通过强化组织培训等方式，提升社工队伍的战斗力和向心力，提高其专业化、职业化的能力素养。

6.4.4 增强社区居民的认同感和归属感

社区居民参与“三社联动”的积极性受到多种因素的影响。社区实务工作者要避免一个认识上的误区，那就是让所有本地社区居民都参与到“三社联动”服务中，这既不可能，也不现实，即使是社区居民有较强的权利意识和自治意识，也无法达到全体参与的理想状态。因为居民在参与“三社联动”服务的意愿和行动选择上，通常与以下两个关键因素呈现出高度正相关关系：一是“三社联动”服务项目与居民需求和利益诉求的相关度；二是居民对社区的认同感和归属感。要想让社区居民积极热衷参与“三社联动”，最根本的途径是从上述两个因素入手，增强居民与社区的利益相关度和认同感。

1. 提高“三社联动”服务项目与居民需求的契合性

“三社联动”服务项目的产生应是以社区居民需求为导向，由社区自

① 义工与志愿者从英文单词上来讲都是同一个词“volunteer”，但在翻译上有所不同，如在中国内地多翻译为志愿者，在香港和台湾多翻译为义工。从概念界定上讲，志愿者是一个没有国界的名称，是指不以获得任何物质报酬为目的，为社会公共利益而提供服务、贡献个人的时间及精神的人；义工是基于社会责任及义务，自愿贡献自己的时间、精力、技能，为促进社会的改善和发展，无偿参与社会服务的人员。二者本质上没有太大区别，都强调价值精神的一致性，即在时间上、劳力上的无偿付出，但在具体实践中有细微差别，如二者的服务对象侧重点不同。义工的服务对象主要是困难群体，强调服务的人性化、个体化，为让特定服务对象受益，而志愿者的服务对象主要是公共场所，强调服务的公众化、集体化，为营造良好的社会环境。

治组织发现并通过社区协商制度和社区议事程序凝练而成。整个服务项目的产生过程必须充分体现社区居民意志，反映居民利益诉求，由社区居民代表全程参与，经过集体协商的合法程序而形成的民主化“成果”。因此，要想让社区居民和社区社会组织由原来的被动执行转变为主动参与，就必须真正还权于民，彻底推行“民事民议、民事民办、民事民管”的自治模式，真正实现社区的事由社区居民做主。首先，建立社区居民需求信息的收集和汇总平台。通过搭建社区线上和线下信息沟通平台，及时掌握社区居民需求和社区重大公共问题。充分发挥“互联网+意见领袖”的模式作用，依托社区微信公众号、微信群等新媒体以及社区工作人员上门进行问卷调查，全面收集居民生活中的“急、难、愁、盼、怨”等问题和民生需求，科学设置居民需求发现和筛选机制，摸清社区居民集中、共性的服务需求，建立问题清单，为“三社联动”服务项目的统筹设计提供基础。其次，不断完善社区协商议事制度和“三社联动”联席会议制度。建立健全社区居民协商议事机构，形成以“提议、合议、群议、决议、评议”为基础的、规范的协商议事流程，通过社区居民代表、党员代表、物业代表、社会组织代表、专业社会工作者代表和驻区单位代表的广泛参与、利益表达、对话沟通、共识达成和全程监督，全面形成科学民主决策模式，实现“项目行不行，由居民说了算”，达到尊重居民、凝聚人心的目的。最后，加强对“三社联动”服务的居民满意度评价与反馈。“三社联动”服务效果的好坏还是由其服务对象说了算，即以社区居民“答应不答应、满意不满意、高兴不高兴”为标准，这也是“三社联动”是否服务到位、服务到居民心坎里和点子上的“试金石”。在社区党组织的带领下，社区居委会可以建立“三社联动”服务项目评估工作小组，定期召开项目评估会，有针对性地对项目进行分析研究，加强项目集中分析研判，确保项目设计专业化和项目实施效果与群众需求的“最高匹配”，得到居民的充分认可。只有为社区居民办好事、办实事，解决难事和急事，带来看得见的实惠和效益，才会在群众中产生较大的示范作用和吸引效果，才能激发社区居民主动参与“三社联动”服务的热情和意愿。

2. 营造社区发展利益与居民利益休戚相关的氛围

将社区居民个人切身利益与社区发展利益捆绑在一起，不是仅靠宣传和教育就能实现的，还需要在大量的社区服务活动中凝聚认识、密切联系、相互融合，最终形成共同体意识，这是个潜移默化的漫长过程。可以说，社区居民主动积极参与社区事务很大程度上是居民内心建构的共性使然，是居民在社区责任、使命感、共同目标和发展愿景等层面的培养塑造过程，“三社联动”机制就是实现这一过程的重要途径。首先，构建居民与社区之间的利益整合平台。居民既是社区的建设者，又是社区建设的受益者，社区是大家共同的社区，通过利益整合和宣传教育，使社区居民形成一种“一荣俱荣、一损俱损”的利益连带意识。例如，社区生活环境、物业服务、安防管理、社区品牌与社区房价的关联性，会影响到社区居民维护社区利益的自觉性。其次，着重发现并培养社区居民自治的精英群体和热心志愿者等，让其带领或引导社区居民有序参与社区居民需求调查和社区协商议事，发现并确定居民具有共性需求的项目；通过定期和不定期地培训居民精英骨干和热心志愿者，积极引导、动员、组织更多的居民和辖区单位代表参与到社区服务和社区公益活动之中，并促使其有效参与“三社联动”项目实施过程的监督评价；大力开展社区居民之间的互助互惠服务，增强社区居民的互助服务意识，增进居民之间的感情联系，改变其原来对社区事务漠不关心的态度，将志愿互助服务由“等待安排”转变为“主动请缨”，主动思考和实施志愿服务项目，不断提升居民的社区情感和共同体意识。最后，建设各种类型的社区社会组织，自主开展多样性的社区服务活动，帮助居民构建社区强关系，加强居民之间社会网络联系，丰富居民个体和社区社会组织的社会资本，使居民在活动中受益，在活动中增长知识，提高自治意识，进而培养社区居民自我约束、自我管理的能力，增强居民在参与过程中的获得感、认同感和社区归属感，激发居民和社区社会组织参与“三社联动”的内生动力。

“三社联动”机制本身是立足于社区治理相关利益方实际需求的互动机制，牵涉的主体多元、领域广泛、关系复杂，而且随着社会主要矛盾的变化呈现出动态性和不确定性。加之民族地区城市社区发展的特殊性和滞后性，“三社联动”的推广普及工作还需要付出巨大的努力，特别是基层政府、社区居委会、社会组织、专业社会工作者和社区居民在“三社联动”中的角色回归、功能定位和发展关系等问题，还需要一个逐渐加深认识和不断升华的过程，这从我们在B市“三社联动”试点的实践调研中得到了印证。因此，本研究难以全面涵盖社区“三社联动”各方力量彼此间的制约、支持和互动关系，这也是需要继续深入研究的地方。但有一点可以确定，那就是“三社联动”离开居民参与是无源之水和无本之木，应始终把居民群众是否需要、是否参与、是否受益、是否满意作为检验“三社联动”成效的根本标准。

参考文献

一、 著作类

［1］ 蔡小慎. 我国城市社区治理模式创新研究［M］. 北京：人民出版社，2016.

［2］ 陈幽泓. 社区治理的多元视角：理论与实践［M］. 北京：北京大学出版社，2008.

［3］ 董小燕. 公共领域与城市社区自治［M］. 北京：社会科学文献出版社，2010.

［4］ 高红. 社区社会组织与城市基层合作治理［M］. 北京：人民出版社，2016.

［5］ 刘伟红. 社区治理——基层组织运行机制研究［M］. 上海：上海大学出版社，2010.

［6］ 娄成武，孙萍. 社区管理学［M］. 北京：高等教育出版社，2012.

［7］ 吕霄红，杨志民，齐权平. “三社联动”社区实务模式：以呼和浩特市为例［M］. 北京：社会科学文献出版社，2019.

［8］ 马庆钰，廖鸿. 中国社会组织发展战略［M］. 北京：社会科学文献出版社，2015.

［9］ 史云贵. 中国基层社会治理机制创新研究［M］. 天津：天津人民出版社，2015.

［10］田玉荣．非政府组织与社区发展［M］．北京：社会科学文献出版社，2008.

［11］佟岩，刘娴静．社区建设与社会治理创新［M］．北京：知识产权出版社，2015.

［12］吴开松．城市社区管理［M］．北京：科学出版社，2006.

［13］吴鹏森，张友德．城市社区建设与管理［M］．上海：上海人民出版社，2007.

［14］吴群刚，孙志祥．中国式社区治理［M］．北京：中国社会出版社，2011.

［15］汪春翔．社会组织建设研究［M］．南昌：江西人民出版社，2015.

［16］王敬尧．参与式治理——中国社区建设实证研究［M］．北京：中国社会科学出版社，2006.

［17］王浦劬，等．政府向社会组织购买公共服务研究——中国与全球经验分析［M］．北京：北京大学出版社，2010.

［18］王思斌．社会工作综合能力［M］．北京：中国社会出版社，2009.

［19］王思斌．社会工作概论［M］．北京：高等教育出版社，2006.

［20］夏建中．中国式城市社区治理结构研究［M］．北京：中国人民大学出版社，2012.

［21］夏建中．社区社会组织发展模式研究［M］．北京：中国社会出版社，2011.

［22］徐永祥，孙莹．社区工作［M］．北京：高等教育出版社，2014.

［23］竺乾威，朱春奎．社会组织视角下的政府购买公共服务［M］．北京：中国社会科学出版社，2016.

二、 期刊论文类

［24］白福臣，李彩霞．新时代基层社会治理“三社联动”机制：理论构建、模式选择与路径优化［J］．学习论坛，2019（7）：80-88.

［25］曹海军，吴兆飞．社区治理和服务视野下的三社联动：生成逻辑、

运行机制与路径优化［J］. 华南师范大学学报（社会科学版），2017（6）：30-37.

［26］曹海军，薛喆．“三社联动”机制下政府向社会力量购买服务的三个阶段分析［J］. 中国行政管理，2018（8）：41-46.

［27］曹海军．“三社联动”的社区治理与服务创新——基于治理结构与运行机制的探索［J］. 行政论坛，2017（2）：74-79.

［28］曹海军．“三社联动”视野下的社区公共服务供给侧改革——基于S市项目制和岗位制的案例比较分析［J］. 理论探索，2017（5）：23-29.

［29］陈伟东，吴岚波．从嵌入到融入：社区三社联动发展趋势研究［J］. 中州学刊，2019（1）：74-80.

［30］丁辉侠，孟悄然．“三社联动”合作治理的困境与对策［J］. 中国民政，2017（15）：46-48.

［31］樊红敏，钱花花，岳磊．社区“三社联动”体制机制研究（上）［J］. 中国社会工作，2018（1）：42-44.

［32］樊红敏，钱花花，岳磊．社区“三社联动”体制机制研究（中）［J］. 中国社会工作，2018（4）：31-32.

［33］樊红敏，钱花花，岳磊．社区“三社联动”体制机制研究（下）［J］. 中国社会工作，2018（7）：25-27.

［34］高星，周奕．“三社联动”：开启老工业城市社区治理新局面［J］. 中国社会工作，2018（1）：52.

［35］顾东辉．“三社联动”的内涵解构与逻辑演绎［J］. 学海，2016（3）：104-110.

［36］顾江霞．城市社区“三社联动”机制形成过程探析——基于S市“三社联动”试点社区推进的经验研究［J］. 社会工作与管理，2019（6）：86-92.

［37］关爽．城市社区治理中“三社联动”的发展条件与支持体系建设——基于治理情境的分析［J］. 华东理工大学学报（社会科学版），2019（6）：1-9.

［38］关爽．多重治理层次中的“三社联动”：基本框架、运行逻辑与发

展路径［J］. 天津行政学院学报，2019（21）：79-86.

［39］胡小军，朱健刚．“三社联动”机制下社区基金会的功能与运行逻辑［J］. 华东理工大学学报（社会科学版），2018（1）：77-86.

［40］来帅．西藏城市社区“三社联动”的创新发展路径［J］. 社会工作与管理，2018（1）：69-74.

［41］李达，杨金．三社联动：城市社区治理中的策略变革——来自昆明市L社区的治理经验［J］. 重庆交通大学学报（社会科学版），2018（3）：13-17.

［42］李精华，赵珊珊．“三社联动”：内涵、机制及其推进策略［J］. 学术交流，2016（8）：162-168.

［43］李仁利．北京“三社联动”的创新实践［J］. 中国社会工作，2017（22）：38-39.

［44］刘涛．新疆巴州库尔勒市天山街道“三社联动”的经验与启示［J］. 中共乌鲁木齐市委党校学报，2018（2）：29-33.

［45］刘星．“三社联动”下社区公共文化服务的协同治理——以北京市田村路街道阜四小院为例［J］. 北京航空航天大学学报（社会科学版），2019（5）：61-67.

［46］任文启．社区治理抑或社区营造：“三社联动”的理论脉络与实践反思［J］. 社会建设，2017（6）：16-28.

［47］石兵营，谭琪．“三社联动”主体及角色再定位：基于社区治理实务视角［J］. 社会工作，2017（1）：89-98.

［48］孙江涛，刘丽娟．“五步法”推动“三社联动”——北京市朝阳区鑫兆佳园社区的探索实践［J］. 中国社会工作，2018（6）：18-20.

［49］谭琪，石兵营．基层政府协同“三社联动”的城市社区治理创新模式研究——以美地社区实践为例［J］. 重庆工商大学学报（社会科学版），2017（2）：61-68.

［50］唐天正．“三社联动”之“联”与“动”［J］. 中国社会工作，2017（12）：61.

［51］王才章．嵌入式共治：“三社联动”中的政社关系——基于国内多

个城市实践的分析［J］. 地方治理研究，2019（4）：29-39.

［52］王思斌．“三社联动”实践与社会治理创新和社区建设［J］. 清华社会学评论，2017（1）：184-189.

［53］吴江，范炜烽．“三社联动”社区治理模式的反思与提升［J］.云南社会科学，2018（6）：154-158.

［54］夏红莉．欠发达地区“三社联动”的模式选择与策略研究［J］. 长春工程学院学报（社会科学版），2016（3）：1-4.

［55］肖唐镖，谢菁．“三社联动”机制：理论基础与实践绩效——对于我国城市社区建设一项经验的分析［J］. 地方治理研究，2017（1）：40-51.

［56］谢蓓，王希．“三社联动”下社工机构介入社区服务专业化探析［J］. 广西民族大学学报（哲学社会科学版），2017（3）：68-72.

［57］徐富海．“三社联动”如何“联”如何“动”？［J］. 中国民政，2015（12）：16-28.

［58］徐永祥，曹国慧．“三社联动”的历史实践与概念辨析［J］. 云南师范大学学报（哲学社会科学版），2016（2）：54-62.

［59］许诺，张玉红，徐济益．“三社联动”机制运行困境与出路探寻［J］. 安徽工业大学学报（社会科学版），2017（1）：26-28.

［60］许琼．社区服务中“三社联动”的运作逻辑研究——基于多案例分析［J］. 决策咨询，2020（1）：92-96.

［61］闫学芬，韩建民．基层社会治理中的“三社联动”：机制与流程分析——基于典型城市的实践探索［J］. 广西社会科学，2017（9）：177-182.

［62］闫臻．共生型社区治理的制度框架与模式建构——以天津 KC 社区三社联动为例［J］. 中国行政管理，2019（7）：62-66.

［63］叶南客．“三社联动”的内涵拓展、运行逻辑与推进策略［J］.理论探索，2017（5）：30-34.

［64］张大维，赵彦静．“三社联动”中社会工作的专业缺位与补位［J］. 中州学刊，2017（10）：56-61.

［65］朱薇婷．法治视域下的社会治理创新机制研究——以浙江省“三社联动”模式为例［J］. 未来与发展，2017（9）：13-17.

后　记

2015年初，由我主持的教育部项目“西部民族地区养老保险城乡统筹发展研究”结项，并在后续的深化研究中，关注民族地区社区互助养老服务议题。当时了解到内蒙古B市作为“第二批全国社区治理和服务创新实验区”正在如火如荼地开展“精街道、强社区、促服务”的主题实践活动，“三社联动”机制创新是其中一项重要的试点内容，于是对“三社联动”热点问题产生了浓厚的学术兴趣。在前期研究的基础上，我以“民族地区城市社区‘三社联动’机制研究——以内蒙古B市为例”的题目申报2016年教育部人文社会科学研究项目且有幸中标，开始了为期三年的集中研究，带领6名学术团队成员分两批赴内蒙古B市等地进行实地调研，收集到第一手的访谈资料，形成了初步的研究成果。鉴于民族地区城市社区、社会组织、专业社会工作者发展的特殊性和滞后性，以及“三社联动”在民族地区试点尚处于初期探索阶段，存在做法多样、经验尚浅、理论升华不足的问题，我们在研究中遇到了一些难题，于是萌生了赴西方发达国家学习参考民族社区建设先进经验的想法。

机缘巧合，2019年9月我获得国家留学基金委公派留学项目资助，以访问学者身份赴美国加州大学伯克利分校社会福利学院（School of Social Welfare, University of California, Berkeley）进行学习，科研任务即为“民族地区城市社区、社会组织、社会工作者联动服务研究”。访学期间，我多次深入美国移民社区、公益社会组织和社工服务机构，了解实际情况，为本项目研究收集了很好的借鉴素材……但糟糕的是，2020年初，“新型冠状病毒肺炎”（COVID-19）席卷全球，美国更是成为疫情重灾区，为这次科研访学带来极大不便，不得不说是一种遗憾和损失！万幸的是，因为有了前期的资料收集和数据分析，本课题的写作得以继续进行。本专著就是教育部人文社会科学研究青年基金项目（16YJC840023）的最终结项成果。

需要特别感谢的是我在美国加州大学伯克利分校访学的美方导师 Julian Chun-Chung Chow 教授。他不仅在科研学习上给予我有益的指导，而且在调研机构联系上为我提供了巨大的帮助，特别是对我在异国他乡的生活给予了极大关照，让我备感温暖，在此表示最诚挚的谢意。另外，还要感谢我的学生田丹丹、丛宏斌、刘畅、杨文悦、阴爽等在实地调研、资料收集和文字校对中付出的辛勤劳动。感谢内蒙古大学公共管理学院领导的支持。感谢中国经济出版社编审的辛勤帮助。

由于“三社联动”在欠发达民族地区尚属新鲜事物，发展势头虽猛，但在经验的可复制性，政策的持续性和可推广性上还有待实践检验，加上本人的研究视野和学识水平所限，书中一定还有不少缺憾和不足，敬请读者批评指正。

王晓东

于美国加州大学伯克利分校

2020 年 3 月